PETITS CLASSIQUES
LAROUSSE
Collection fondée par Félix Guirand, Agrégé des Lettres

Le monde comme il va
Micromégas
Jeannot et Colin

VOLTAIRE

contes philosophiques

Édition présentée,
annotée et commentée
par
Emmanuelle SEMPÈRE
Agrégée de Lettres modernes

www.petitsclassiques.com

SOMMAIRE

Avant d'aborder le texte

VOLTAIRE

© Larousse/HER, Paris, 2000 – ISBN 2-03-588124-2

Comment lire l'œuvre

Avant d'aborder le texte

Le monde comme il va
Micromégas
Jeannot et Colin

Genre : contes philosophiques, mais qui furent d'abord intitulés respectivement « vision », « histoire philosophique » et « conte ».

Auteur : François Marie Arouet, dit Voltaire.

Composition : ces trois contes ont en commun d'être brefs, et de « laisser penser » le lecteur. Mais leur forme et leur style sont très divers.

Personnages principaux : Babouc est un Scythe qui reçoit la visite (ou peut-être la vision) de l'ange Ituriel ; Micromégas est un philosophe de Sirius, banni à cause d'un ouvrage de philosophie ; Jeannot est un enfant de la campagne envoyé à Paris par des parents enrichis.

Sujet : le voyage est l'élément commun aux contes. Il entraîne le personnage à réviser ses connaissances ou ses valeurs, et lui fait découvrir la complexité de la vie humaine.

Cadre : au réalisme de *Jeannot et Colin* s'oppose le parti pris merveilleux des deux premiers contes, qui mettent en scène des personnages extraordinaires : un ange et les habitants de planètes que l'on ne peut qu'observer dans l'espace...

Premières publications : *Le monde comme il va* a été publié pour la première fois en 1748, au tome 8 des *Œuvres de M. de Voltaire*, à Dresde ; *Micromégas* a été publié à part, en 1752, à Londres ; *Jeannot et Colin* a été publié dans le recueil des *Contes de Guillaume Vadé*, sous ce pseudonyme, en 1764, à Genève.

Voltaire s'entretient avec les paysans de Ferney, *par Jean Hüber (détail). Nantes, musée des Beaux-Arts.*

VOLTAIRE

(1694-1778)

D'Arouet à Voltaire : naître au théâtre

1694

Est-ce le 21 novembre, veille de son baptême à Paris, que naît François Marie Arouet, fils de François Arouet, notaire au Châtelet et conseiller du roi ? Ou le 20 février, comme l'affirme Voltaire, pour souligner sa fragilité physique (on aurait retardé le baptême pensant qu'il ne survivrait pas) et insister sur une naissance peut-être adultérine ? Il serait alors le fils de M. de Rochebrune, mousquetaire noble et talentueux et poète à ses heures. Ce père lui convenait mieux que maître Arouet, notaire issu de la bourgeoisie négociante vendéenne, lequel n'apprécia guère, d'ailleurs, les premiers écrits de ce cadet trop bruyant.

1701-1711

À sept ans, après la mort le 13 juillet de sa mère Marguerite Arouet, née Daumard, il est confié à son parrain l'abbé de Châteauneuf, libertin et amateur de lettres. À dix ans, il entre au collège Louis-le-Grand tenu par les Jésuites, tandis que son frère aîné Armand est élevé par les Jansénistes de Saint-Magloire. Il y rencontre d'Argental, les frères d'Argenson et Cideville. Ses maîtres, les pères

Tournemine et Porée, développent en lui le goût des lettres ; ses études sont brillantes, ses premiers vers remarqués. Dès 1704, l'abbé de Châteauneuf l'introduit dans la société du Temple, où Ninon de Lenclos avait réclamé de voir le jeune poète. Il restera fortement marqué par la personnalité de cette femme émancipée qui devait mourir l'année suivante.

1712

Naissance de Marie Louise Mignot, nièce de Voltaire, future Mme Denis.

1714-1726

En plus de ses essais poétiques (l'*Ode sur les malheurs du temps* date de 1713), il commence à composer des contes : *Le Crocheteur borgne* par exemple, qui est truffé d'allusions piquantes à la duchesse du Maine et à la cour de Sceaux. En 1716, quelques épigrammes irrévérencieuses contre le Régent attirent au jeune provocateur un premier exil à Sully-sur-Loire ; en 1717, l'affaire est plus grave et son *Regnante puero* (« Lorsqu'un enfant règne »), satire de la Régence, le fait jeter à la Bastille. Il y compose les premiers vers de *La Henriade*, qui célébrera Henri IV, roi pacificateur et tolérant. Mais le triomphe en 1718 de sa tragédie *Œdipe*, dédiée au Régent, procure à celui qui signe Voltaire pour la première fois, le succès et une pension. Une vie mondaine de courtisan commence, avec ses plaisirs et ses contraintes : il est protégé par la maîtresse du duc de Bourbon, Mme de Pries, et écrit plusieurs tragédies. La mort de son père, en 1722, intervient au cours d'une période de gloire où l'écrivain s'oublie à se rêver l'égal des Grands : mais son algarade avec le chevalier de Rohan-Chabot en 1726 lui prouve douloureusement son erreur ; à la pointe verbale, « Monsieur, je commence mon nom, et vous, vous finissez le vôtre », le chevalier répond par une bastonnade. Voulant obtenir justice, Voltaire s'attire la disgrâce : enfermé à la Bastille, il obtient « la permission » de s'exiler en Angleterre.

Le philosophe des Lumières

1726-1728

Son exil durera deux ans ; logé par son ami lord Bolingbroke à Londres, il apprend l'anglais et rencontre de nombreuses personnalités, dont les philosophes Pope et Clarke, le poète Young et l'écrivain Swift, dont il lit *Les Voyages de Gulliver*. Surtout, il découvre Newton, la philosophie de Locke et le théâtre de Shakespeare. Il publie en 1727, en anglais, *An Essay upon the Epic Poetry* accompagné d'un *Essay upon the Civil Wars of France*, destinés à accompagner l'édition de *La Henriade*. Il est présenté au roi George Ier et assiste aux funérailles de Newton. Il compose les *Lettres anglaises* (futures *Lettres philosophiques*) et l'*Histoire de Charles XII* ; il revient discrètement en France en novembre 1728.

1729-1732

Installé à Paris, il monte une société financière fructueuse ; placé dans le commerce international et dans des prêts à l'aristocratie européenne, cet argent fait de lui un homme riche et indépendant. Passionné de théâtre, il s'indigne du traitement encore réservé aux acteurs (le corps d'Adrienne Lecouvreur est jeté à la voirie en 1730), fait jouer *Brutus* en 1730, *Zaïre* en 1732. Une première édition collective de ses œuvres voit le jour à Amsterdam en 1732.

1733-1735

Sa rencontre en 1733 avec Mme du Châtelet est essentielle ; femme indépendante et passionnée de science, elle devient sa maîtresse ; mais, séduite par Maupertuis, elle ne s'engagera avec Voltaire qu'en 1735. Les *Lettres anglaises* sont publiées en anglais à Londres. À ces 24 *Lettres philosophiques*, il ajoute pour l'édition française les *Remarques sur Pascal* ; mais le livre est condamné et brûlé devant le Parlement, son auteur déclaré de prise de corps. En se retirant à Cirey chez Mme du Châtelet, Voltaire devance l'arrêt. Il commence à rédiger le *Traité de métaphysique*, qui ne sera publié qu'après sa mort.

1736-1739

Tandis qu'à Paris on joue de nouvelles pièces de lui, il se consacre avec la « belle Émilie » (Mme du Châtelet) à l'étude des sciences, en particulier de la physique de Newton ; il rédige des *Éléments de la philosophie de Newton* qui sont publiés en 1738 et rencontre des savants (en particulier lors d'un voyage en Hollande, en 1736) ; son poème, *Le Mondain*, fait scandale par son éloge du luxe, moteur de l'économie et source du bonheur, qu'accompagnent une critique du rigorisme chrétien et une vision irrévérencieuse du « paradis terrestre ». En 1738, une violente polémique l'oppose à Desfontaines, qui éreinte l'homme et l'œuvre dans la *Voltairomanie*, qui répond au *Préservatif* de Voltaire. Il compose ses premiers *Discours en vers sur l'homme* et prépare *Le Siècle de Louis XIV*.

1740-1746

Chargé d'une mission diplomatique par le cardinal de Fleury, il rencontre Frédéric II, devenu roi de Prusse, avec lequel il était en relation épistolaire depuis 1736.

À partir de 1745, à Versailles, Voltaire a les faveurs de la cour et de la nouvelle favorite, madame de Pompadour ; en novembre, il obtient enfin le poste, qui doit lui permettre de poursuivre ses recherches historiques, d'historiographe du roi. Le 25 avril 1746, après deux échecs (en 1742 et 1743), Voltaire est élu à l'Académie française. Seule ombre de ces années, la détérioration de ses relations avec madame du Châtelet ; lui se lie à sa nièce, madame Denis, devenue veuve en 1744.

L'engagement philosophique

1747-1753 : à la cour de Frédéric II

Une insolence à la cour entraîne sa disgrâce ; il se réfugie à Sceaux, dont la cour est devenue plus intime. Première publication d'un conte en prose, *Memnon*, futur *Zadig*. L'édition de ses *Œuvres* en huit volumes contient aussi un conte, *Le monde comme il va*. Devenue en 1748 la maîtresse du poète Saint-Lambert, Émilie du Châtelet meurt quelques jours après avoir donné le jour à une petite fille, le 10 septembre 1749 ; la peine de Voltaire est immense.

En 1750, sa charge d'historiographe lui est retirée et il part pour la Prusse, où il devient le chambellan de Frédéric II dont il est chargé de retoucher les écrits. Mais les relations avec ce « monarque éclairé » ne tardent pas à se détériorer ; la rupture est totale lorsque Voltaire prend parti contre Maupertuis, tout-puissant président de l'académie de Berlin. Si l'attaque est plaisante dans *Micromégas*, elle se charge de vitriol dans *La Diatribe du docteur Akakia*. Voltaire quitte Berlin en 1753.

1753-1754 : l'exil

Il séjourne d'abord à Leipzig, avec madame Denis venue le rejoindre, puis à Francfort où ils sont retenus sur ordre du roi de Prusse, enfin à Colmar : il ne parvient pas à obtenir la permission de revenir à Paris. La diffusion secrète et d'abord très limitée du brûlot du *Sermon des Cinquante*, que Voltaire ne reconnaîtra jamais, inaugure la lutte contre la religion chrétienne. Sollicité par d'Alembert, il fournit, entre 1754 et 1758, une quarantaine d'articles à l'*Encyclopédie*.

1755

Il s'installe aux Délices, près de Genève, avec madame Denis ; les représentations théâtrales qui s'y déroulent inquiètent les autorités genevoises. La lutte des Philosophes se heurte aux critiques : l'*Année littéraire* de Fréron s'en prend à Voltaire, le *Mercure de France* en 1757 lance l'injure des « Cacouacs ».

Jean-Jacques Rousseau lui envoie en 1755 ses deux *Discours*, mais le dialogue intellectuel des deux hommes s'envenime très vite : leurs différences de vue (sur l'homme originel, sur la civilisation, sur la religion) sont trop importantes, et la *Lettre à d'Alembert sur les spectacles* achève de brouiller les deux hommes.

1760

Il s'installe presque définitivement au château de Ferney acheté en 1759, dont la terre aux portes de Genève assure une « issue de secours » au philosophe. Le vaste domaine, qu'agrandit encore la terre du château de Tourney, devient le foyer de la pensée des Lumières européennes : Voltaire est le « patriarche » de la famille philosophique dont il cherche constamment l'union autant que de son « village » dont il fait fructifier l'industrie et l'agriculture.

Le patriarche de Ferney et la lutte contre l'Infâme

1762

L'engagement de Voltaire est d'abord celui d'un citoyen scandalisé par la cruauté et l'injustice des jugements prononcés envers ceux – Juifs, Jésuites, protestants, illuminés et prétendus sorciers – que l'on déclare coupables avant de les juger. Dès 1762, l'affaire Calas commence ; Voltaire parviendra à faire réhabiliter en 1765 Jean Calas, torturé et brûlé en place publique le 10 mars 1762, et à faire restituer leurs biens à sa femme et à ses filles. En 1763, il publie son *Traité sur la tolérance*, et son *Dictionnaire philosophique portatif* en 1764. L'affaire Calas terminée, celle des Sirven débute : accusés d'infanticide sur la personne de leur fille qui avait été en réalité poussée au suicide par des convertisseurs catholiques tentant de lui faire abjurer le protestantisme, les époux Sirven furent condamnés à la pendaison, puis acquittés en 1771.

1765 est aussi la triste date du supplice du chevalier de La Barre, condamné à mort à 19 ans sur accusation judiciaire de blasphème. Voltaire couche alors sur papier ses réflexions sur la justice sous la forme d'un long commentaire de l'ouvrage de Beccaria, *Des délits et des peines*, paru en 1764. Il y dénonce en particulier l'intolérance institutionnelle envers les prédicants protestants, les Jésuites, les illuminés ou les sorciers, s'insurge contre la pratique de la « question », cherche à établir une hiérarchie des crimes et démontre l'inutilité de la peine de mort. Sa lutte pour la tolérance est liée à sa réflexion religieuse : en 1768, il publie la *Profession de foi des théistes* où il vante la paix civile, l'ordre et la prospérité que le théisme peut apporter aux nations. *L'Ingénu* est publié en 1767.

1770-1778

Vainement, Voltaire multiplie les démarches pour obtenir un édit royal rendant la liberté aux serfs de Saint-Claude ; l'édit abolissant ces droits seigneuriaux récompensera cependant ses efforts en 1779. La gloire de Voltaire, statufié de son vivant par Pigalle en 1770, est immense. Il écrit ses *Questions sur l'Encyclopédie*. Voltaire, qui se dit toujours au bord de la tombe mais en ressuscite chaque matin pour écrire et dicter, souffre à partir de 1773 de graves crises de strangurie, annonciatrices du cancer qui probablement l'emporta.

1778

De retour à Paris après vingt-huit ans d'absence, Voltaire est acclamé par une foule enthousiaste, qui le couronne le 30 mars, au début de la sixième représentation d'*Irène*. Très malade, il se confesse et obtient l'absolution après une profession de foi ambiguë ; il meurt le 30 mai, en laissant cette déclaration : « Je meurs en adorant Dieu, en aimant mes amis, en ne haïssant pas mes ennemis et en détestant la superstition. » Son œuvre étant impubliable en France, un collectif animé par Beaumarchais (qui apporte la totalité des fonds) et par Condorcet (qui se charge de toute la direction éditoriale : préfaces, commentaires, choix des lettres de la correspondance, etc.) loue le fort de Kehl, l'aménage et consacre dix années d'un travail colossal à une édition complète, qui s'achève en 1790 malgré les foudres de l'orthodoxie.

1791

La République fait de Voltaire son emblème et organise le transfert de ses cendres au Panthéon ; la cérémonie du 11 juillet est grandiose. Il sera rejoint par Rousseau trois ans plus tard.

CONTEXTES

La France entre 1739 et 1764

Le règne de Louis XV, qui a débuté en 1723, est une période plutôt favorable au royaume. Le cardinal Fleury, précepteur puis ministre du roi, gouverne de fait la France entre 1726 et 1743. Il fit, selon le mot de Voltaire, « de grandes choses ». À sa mort en 1743, Louis XV gouverne seul, poussé dans cette voie par sa maîtresse la marquise de Pompadour. La stabilisation de la monnaie est pour beaucoup dans la prospérité économique du royaume ; cependant, le système fiscal rigide hérité de Colbert limite le développement économique. Machault d'Arnouville, contrôleur général des finances de 1745 à 1754, tente une réforme fiscale s'inspirant du modèle anglais, qui n'aboutira pas totalement ; Voltaire y était favorable, et dans sa *Lettre à l'occasion de l'impôt du vingtième,* il écrit : « Ce ne sont point les impôts qui affaiblissent une nation, c'est, ou la manière de les percevoir, ou le mauvais usage qu'on en fait. » L'**essor économique** marque un tournant dans le siècle, mais à partir de 1743, les dettes s'accumulent sur le royaume, à cause en particulier des conflits qui secouent l'Europe : leur financement est à l'origine de l'impôt permanent de 5 %, dit du vingtième, qui suscite un mécontentement général. De fait à l'extérieur, même si Louis XV, comme le Régent avant lui, tente de favoriser la paix, **trois guerres vont affaiblir le royaume** durant cette période : la guerre de Succession de la Pologne d'abord, de 1733 à 1738, coûte peu d'argent et peu d'hommes et rapporte même la Lorraine au royaume grâce en particulier à l'habileté de Fleury ; en revanche, l'horizon s'assombrit en 1740 : la guerre de Succession d'Autriche oppose la France, alliée de la Prusse, à l'Angleterre alliée de l'Autriche ; Voltaire y joue un rôle diplomatique (en particulier en 1743) grâce à son amitié avec Frédéric II de Prusse (leur première lettre date de 1736). La France, qui ne voulait pas entrer dans le conflit, en sort ruinée en 1748. La guerre de Sept Ans (1756-1763) est plus désastreuse encore : la France, l'Autriche et la Russie sont vaincues par la Prusse et l'Angleterre, laquelle acquiert la majeure partie de l'empire colonial français, à l'exception des Antilles et de Saint-Domingue, sauvées par Choiseul, ministre depuis 1758.

Autre tâche, et peut-être plus rude encore, pour les ministres, fut celle de maintenir le pouvoir royal malgré les menaces représentées par les **jansénistes** soutenus par le Parlement. En 1732, Fleury gagne une bataille en fermant le cimetière de Saint-Médard, dans lequel certains jansénistes, appelés les « convulsionnaires », s'étaient livrés à des manifestations d'extase collective sur la tombe du diacre François Pâris. Entre 1750 et 1760, la répression contre les jansénistes se fait plus violente, avec les « billets de confession », qui témoignent du durcissement politique de cette période, après la période plus libérale de la Régence. Louis XV se heurte en effet à l'opposition systématique des Parlements dans les affaires religieuses. Face aux troubles intérieurs, dont l'attentat de Damiens contre le roi en 1757 est un signe, l'État multiplie les mesures répressives, que ce soit à propos de l'esclavage avec le *Code noir*, ou du mouvement « correctionnaire » qui multiplie les enfermements ; un **régime policier** traque les fous et les gueux. Voltaire de son côté se mobilise pour une justice fondée sur une hiérarchie rationnelle des crimes et sur l'examen rigoureux des faits. Quand il s'insurge contre la condamnation des Calas, il ne prend pas la défense de protestants ; il lutte contre l'injustice de la procédure et l'inhumanité des juges, contre le fanatisme qu'il appellera « l'Infâme ».

Sur le plan des lettres, la situation n'est guère plus favorable : en 1739, la police saisit les premiers chapitres du *Siècle de Louis XIV*. Sa liberté, Voltaire la doit à son indépendance financière. Mais elle n'est pas liberté d'expression : la **censure** veille et malgré le soutien de madame de Pompadour (qui meurt en 1764), il ne peut publier ouvertement ses œuvres les plus importantes. Comme beaucoup d'écrivains, Voltaire est fiché par la police de Joseph d'Hemery. C'est l'une des raisons sans doute qui le poussent à partir à Berlin, en 1750 ; mais c'est pour constater que Frédéric II n'entend pas, non plus, laisser les hommes de lettres exprimer librement leurs opinions sur des sujets politiques : en 1753, Voltaire quitte Berlin, définitivement brouillé avec le monarque.

L'indépendance des écrivains est, on le voit, loin d'être acquise en ce milieu du XVIIIe siècle : les libraires restent maîtres de la diffusion et de l'état même des textes (qu'ils tronquent ou modifient à leur guise), quand ils ne sont pas devancés par les contrefaçons. Par ailleurs, sur le plan idéologique, **la Librairie créée en 1701 recense les livres imprimés et distribue les « privilèges »**, c'est-à-dire la permission de publier un ouvrage après l'examen des censeurs royaux (ils sont 79 en 1741 et 121 en 1763) ; elle exerce de ce fait une pression constante sur les écrivains et les libraires.

À ce contrôle s'ajoute le droit de regard à la fois du Parlement, autorité judiciaire, et de la Sorbonne, autorité religieuse. Entre 1750 et 1763 heureusement, Malesherbes dirige la Librairie, d'où il peut favoriser les philosophes de l'*Encyclopédie*. Il ne pourra cependant pas s'opposer à la révocation, en 1759, du privilège de l'ouvrage : la liberté de penser est l'un des combats les plus importants de l'époque.

L'essor d'une culture laïque

L'expulsion des Jésuites par les parlements à partir de 1761 témoigne de l'effort de **laïcisation de la culture** et des universités dont le pouvoir royal entend reprendre la direction. Louis XV crée ainsi l'agrégation pour remplacer les professeurs jésuites... Par ailleurs, l'époque connaît un mouvement sans précédent de détachement religieux. Les sujets théologiques reculent dans la production écrite, au profit de l'histoire, des sciences et des techniques. Les Académies répondent à ces nouvelles aspirations, diversifient les domaines de connaissance et élargissent l'audience des savants. Une presse périodique multiforme se répand, pour répondre à une **curiosité scientifique** grandissante : la physique de Newton, les sciences de la nature avec Buffon et Maupertuis, lancent des hypothèses nouvelles qui remettent en cause la vision théologique et fixiste de l'univers.

Les sociétés savantes inspirées du modèle italien jouissent d'un grand prestige et sont protégées par le pouvoir. La physique nouvelle acquiert une place de choix grâce à la position de Fontenelle à l'Académie royale des sciences ; Maupertuis y défend les positions newtoniennes à partir de 1732. En quelques années, le nombre d'académies triple en province, jusqu'à atteindre 24 en 1750. Les philosophes gagnent peu à peu du terrain, et obtiennent des sièges à l'Académie royale des inscriptions et belles-lettres. La « coterie holbachique » (terme dont on désigne alors l'ensemble des matérialistes réunis autour du baron d'Holbach) finit par rassembler la majorité des philosophes et gagner à sa cause l'Académie. Voltaire quant à lui essaiera de s'opposer au **progrès des matérialistes** car pour lui un univers intelligible suppose une intelligence créatrice.

Sur le plan des sciences, l'époque est riche en découvertes qui bouleversent les modes de pensée. L'essor de la médecine promeut un examen approfondi du fonctionnement du corps humain et le rejet de l'aristotélisme. Des débats très violents s'ensuivent, car les questions débordent le strict domaine médical et ébranlent les certitudes à la fois scientifiques et religieuses. Voltaire préfère s'interroger sur la physique, où l'observation permet d'aboutir à des lois certaines ; il voit dans les applications mécaniques de la science newtonienne des raisons d'espérer en un progrès rapide et pratique de l'humanité.

Maintenant, sur le plan littéraire, l'époque est encore marquée par la querelle des Anciens et des Modernes, relancée en 1714. La position de Voltaire est mouvante à ce sujet : alors que *Le Bourbier*, en 1714, prend parti pour les Anciens, il rallie les Modernes avec ses *Lettres sur Œdipe* en 1719. Il reste néanmoins **fidèle à la hiérarchie classique des genres** et cherchera toute sa vie à donner un nouveau souffle à la tragédie et à l'épopée. Mais le plus important pour des lecteurs d'aujourd'hui, habitués à une large diffusion du livre, c'est de se souvenir que le plus grand nombre, au

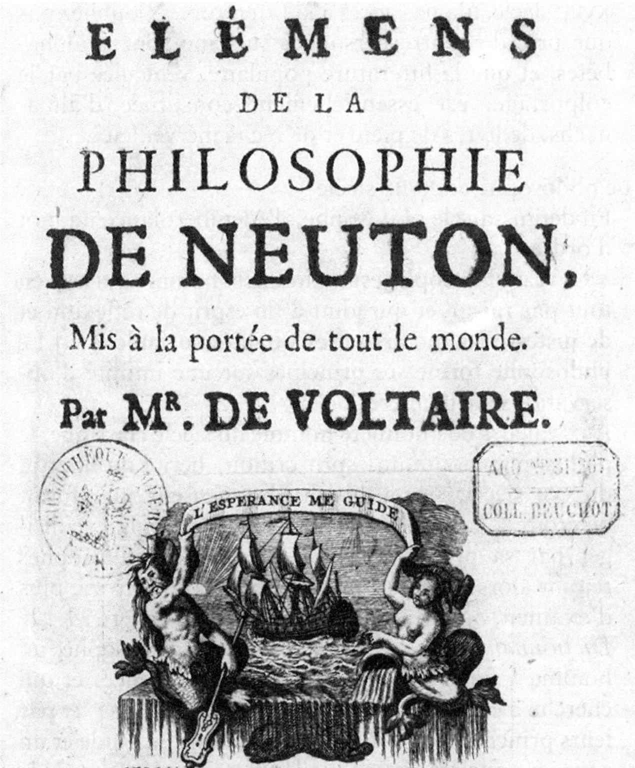
ELÉMENS
DE LA
PHILOSOPHIE
DE NEUTON,
Mis à la portée de tout le monde.
Par Mr. DE VOLTAIRE.

A AMSTERDAM,
Chez ETIENNE LEDET & Compagnie.
M. DCC. XXXVIII.

Frontispice des Éléments de la philosophie de Newton, *gravure de I. Folkema, 1738. Paris, Bibliothèque nationale.*

XVIIIe siècle, n'a pas accès à la littérature. N'oubliez pas que près de quatre personnes sur cinq sont analphabètes, et que la littérature populaire, véhiculée par le colportage, est essentiellement constituée d'almanachs, de livres de piété et de récits merveilleux.

Le philosophe au XVIIIe siècle

En définissant le philosophe, d'Alembert lance un mot d'ordre :

« **Le vrai philosophe est un honnête homme qui agit en tout par raison et qui joint à un esprit de réflexion et de justesse les mœurs et les qualités sociables [...] Le philosophe forme ses principes sur une infinité d'observations particulières.** »

Aux valeurs de **l'honnête homme du siècle classique**, le philosophe ajoute un esprit critique hérité du **libertin du XVIIe siècle,** c'est-à-dire du **libre-penseur** qui refusait de croire à la révélation surnaturelle et voulait se diriger par sa propre raison. La lutte des philosophes rejoint alors celle des savants : plus d'objectivité, plus d'examen, plus de progrès. Déjà en 1694, le *Dictionnaire de l'Académie* fait du philosophe un homme « **qui s'applique à l'étude des sciences et qui cherche à en connaître les effets par leurs causes et par leurs principes** ». La Raison est à la fois un guide et un gardien : elle est autant vigilance critique que voie de connaissance et de découverte. Elle prend un nom, les « **Lumières** », mouvement amorcé dès la fin du XVIIe siècle en Allemagne et en Angleterre.

Le philosophe n'est plus un être dégagé des passions : il ne cherche pas à les étouffer en lui. Par exemple, Voltaire explique que l'amour-propre n'est pas un mal, car « c'est l'amour de nous-mêmes qui assiste l'amour des autres ; c'est par nos besoins mutuels que nous sommes utiles au genre humain ». Vous verrez que la belle Téone est aussi vertueuse qu'elle sait profiter de la vie, et que Micromégas aime aussi rire et plaisanter... Ainsi le philosophe est-il surtout **quelqu'un qui a su trouver le bonheur.**

Engagé dans la vie publique, le philosophe a pour mission d'exercer **un contre-pouvoir**. C'est Fréron qui lance le mot « philosophiste », le *Mercure de France* celui de « Cacouacs » : la vigueur de l'opposition qu'ils ont suscitée suffit à montrer que les philosophes forment un « parti ». Cette cohésion, ils la doivent surtout à d'Alembert : l'auteur du « discours préliminaire » de l'*Encyclopédie* fut un trait d'union entre les philosophes, et rendit possible, par exemple, la participation de Voltaire à l'entreprise en servant d'intermédiaire à Diderot.

L'Encyclopédie, initiée en 1747, devient ainsi entre les mains de Diderot et d'Alembert le vecteur essentiel de la diffusion des idées nouvelles ; les difficultés que sa publication rencontra témoignent de sa portée contestataire. Aux mutilations que le libraire Le Breton fit subir au texte, à l'insu de Diderot, viennent s'ajouter les obstacles officiels : les deux premiers volumes sont interdits en 1752, en 1755 le privilège est révoqué, et les derniers volumes voient le jour dans une semiclandestinité... L'histoire de ce texte est aussi rocambolesque que celle des écrits « portatifs » de Voltaire : **« jamais vingt volumes in-folio ne feront de révolution ; ce sont les petits livres portatifs à trente sous qui sont à craindre. Si l'Évangile avait coûté douze cents sesterces, jamais la religion chrétienne ne se serait établie »** (lettre à d'Alembert du 5 mars 1766). De là la forme brève de la plupart de ses textes, depuis les

Lettres philosophiques jusqu'au *Dictionnaire philosophique* et bien sûr, des contes. Le « **multiforme** » Voltaire, comme l'appelait d'Alembert, multiplie les stratégies pour diffuser sa pensée et tromper les censeurs (pseudonymes, voile des fictions orientales, désaveu après-coup des textes...). Mais si la manière est aux antipodes de celle de Diderot, si même leurs positions sur l'existence de Dieu, leurs opinions esthétiques divergent absolument, leur combat pour la liberté de penser et le règne de la raison est le même. C'est ce que sent bien Voltaire, qui écrit à Diderot (qui a près de vingt ans de moins que lui) : « **Vivez longtemps, Monsieur, et puissiez-vous porter des coups mortels au monstre dont je n'ai mordu que les oreilles.** » (14 août 1776)

L'invention du conte philosophique

De Voltaire, au **goût si classique**, on n'attendait pas qu'il devînt ainsi le champion du conte. En effet, l'essor de « l'histoire » brève, éloignée de la nouvelle classique, est liée à l'esthétique rococo, à son art du discontinu, de la variété, et au goût du badinage libertin si prisé au temps de la Régence.

On peut penser que la prééminence que lui-même accordait aux grands genres est pour beaucoup dans l'apparition tardive de ce mode d'écriture dans sa production. Cependant, Voltaire est depuis le début un grand épistolier et un grand satiriste. Il sait manier le trait rapide, saisir les paradoxes de l'actualité, tourner en dérision d'un saut de plume les autorités et les principes établis.

De plus, le conte dit philosophique permet à celui qui n'aimait guère la lourde armature de l'*Encyclopédie*, de donner libre cours à son goût pour **la réflexion sur**

le vif, « à chaud » et directement en prise sur la réalité. La pratique du conte philosophique est très proche de celle du *Dictionnaire philosophique portatif*, de ses *Lettres philosophiques*, tous écrits qui rejettent la systématisation du savoir comme celle de la pensée.
D'ailleurs, Voltaire ne donnera pas une étiquette unique à ses contes : le terme d'« histoire » prévaut, accompagné des adjectifs les plus divers (« véritable », « philosophique », « orientale »...), mais on trouve aussi des « visions », un « songe »... Le terme de **« conte philosophique » n'apparaît qu'en 1771**, et celui de conte lui-même, seulement en 1764.
Mais n'y avait-il pas contradiction à utiliser le genre même de la fable et de l'invraisemblance pour parler de philosophie ? En fait, Voltaire transforme le genre du conte (comme beaucoup de ses contemporains le font, dans des directions différentes) et invente une forme à la fois **parodique et sérieuse**. Il a pu apprécier la force de ce petit genre littéraire, lu et diffusé partout ; le merveilleux, l'exotisme, le fantastique, l'utopie explorent l'imaginaire, mais ils permettent aussi, et c'est là qu'intervient la philosophie, de poser les questions essentielles, le mal, le bonheur, l'existence de Dieu. En dépaysant les problèmes qui se posent à chacun des lecteurs, le conte peut éprouver leur urgence et évaluer les réponses proposées tout en restant dans le ton de la plaisanterie. Voltaire s'empare des thèmes et des motifs atemporels du conte pour exprimer ses émotions et ses convictions d'homme sans cesse confronté à une actualité difficile à supporter ; la tradition du voyage extraordinaire nourrit *Micromégas*, le conte moral en même temps que la satire inspirent *Jeannot et Colin*,

l'orientalisme est le point de départ du *Monde comme il va*.

Œuvre longuement mûrie que ces contes, qui expriment les hésitations et les contradictions de la pensée philosophique face à la réalité vécue ; loin d'être une œuvre de jeunesse, ils datent tous de la maturité de Voltaire, même s'il s'était sans doute amusé à raconter de petites histoires plaisantes dans le cercle de la cour de Sceaux. Il a quarante-cinq ans quand il fait lire *Le Voyage du baron de Gangam* à Frédéric II, il en a quatre-vingt-un quand il publie l'*Histoire de Jenni ou le Sage et l'Athée ;* tout le siècle s'étonnera de l'alacrité de l'écriture et de l'inventivité de ce vieil homme décharné.

Le monde comme il va, *Micromégas* et *Jeannot et Colin* dans l'œuvre de Voltaire

Le monde comme il va et *Micromégas* appartiennent à un premier groupe de contes dans la production de Voltaire, où domine le badinage, tour à tour mondain et philosophique : *Micromégas* « conte scientifique » mêle l'érudition à la plaisanterie, *Le monde comme il va* exploite le goût pour l'Orient des salons de son temps ; *Zadig* développera plus encore cette veine, en puisant dans les thèmes et les formes des *Mille et Une Nuits*.

On pourrait dire que les contes s'assombrissent au fur et à mesure, comme si Voltaire y transcrivait, en simplifiant un peu, les atteintes que les réalités éprouvantes de la guerre, du fanatisme et de l'injustice portèrent à l'idéal entrevu à Cirey lors des années heureuses avec Émilie du Châtelet. La « vision » de Babouc est proche du *Songe de Platon*, qui plaisantait le philosophe antique d'avoir « rêvé » la métaphy-

sique, et elle pose déjà la question du mal sur la terre et dans l'ensemble de l'univers cosmique. Mais c'est pour affirmer un **optimisme** serein...
Entre 1756 et 1759, cette confiance en la vie semble compromise ; c'est l'époque de *Candide* : le « mal » désormais omniprésent rend plus urgente encore la lutte du philosophe ; et entre 1761 et 1768, la fantaisie cède souvent le pas au propos sérieux, comme dans *L'Ingénu,* pour mieux abattre « l'Infâme », c'est-à-dire les superstitions, le fanatisme, l'injustice, l'ignorance. Au sein de cette production, le recueil des *Contes de Guillaume Vadé*, dans lequel figure *Jeannot et Colin*, fait exception : une sorte de **trait d'humeur,** où Voltaire utilise l'invention du conte pour exprimer une aimable moralité, loin des préoccupations plus graves de cette période. Seulement, de cette confrontation continuelle avec **une réalité cruelle et absurde,** proviennent sans doute le réalisme de *Jeannot et Colin*, et comme on le verra, une leçon plus grave que celle qui se lit d'abord.

Vie	Œuvres
1694 Naissance de François Marie Arouet.	
1701 Son père est receveur des épices à la Chambre des comptes.	
1704 Entrée de François Marie Arouet au collège Louis-Le-Grand, tenu par les jésuites.	
1709-1710 Présenté au poète Jean-Baptiste Rousseau.	
1711 L'abbé de Châteauneuf l'introduit dans la société libertine parisienne.	
1712 Études de droit.	
1713 Les incartades amoureuses du jeune Arouet provoquent la colère de son père.	
1715 Ses vers lui valent la faveur de la duchesse du Maine, à la cour de Sceaux.	
1716 Il est exilé à Sully-sur-Loire à la suite de vers satiriques contre le Régent.	
1717 Nouveau pamphlet, qui le fait enfermer cette fois à la Bastille.	1717 À la Bastille, il commence à composer *La Henriade.*

Événements culturels et artistiques	Événements historiques et politiques
1694 L'Académie française présente au roi son *Dictionnaire de la langue française.*	
1697 *Contes* de Charles Perrault (sous le pseudonyme de Pierre Darmancour).	
	1701 Début de la guerre de Succession d'Espagne ; grande alliance de La Haye contre Louis XIV.
1706 Mort de Pierre Bayle.	1706-1709 Succession de défaites militaires.
1710 Leibniz, *Essais de théodicée sur la bonté de Dieu* [...].	1710 Naissance du duc d'Anjou, futur Louis XV.
	1711 Mort du Grand Dauphin.
	1712 Mort du duc de Bourgogne.
	1713 Traités d'Utrecht.
	1715 Mort de Louis XIV le 1er septembre ; Philippe d'Orléans devient régent.
1716 Racine, *Athalie.* Mort de Leibniz.	1716 Création de la banque de Law. La petite Académie de Colbert devient l'Académie royale des inscriptions et belles-lettres.
1717 Watteau, *L'Embarquement pour Cythère.*	1717 Traité de La Haye (4 janvier) entre la France, l'Angleterre et les Provinces-Unies.

VIE	ŒUVRES
1718 À la suite du succès d'*Œdipe*, il reçoit une récompense du Régent.	1718 *Œdipe*.
1719 Arouet prend le nom de Voltaire.	
1720 De fructueuses opérations financières enrichissent Voltaire.	1720 Échec de sa tragédie, *Artémire*.
1721 Voltaire offre au Régent le manuscrit de *La Ligue*, future *Henriade*, et mène une vie mondaine, en particulier chez la duchesse de Villars.	
1722 Mort du père de Voltaire le 1er janvier ; Voltaire obtient une pension royale.	
1723 Voltaire fait plusieurs séjours en Normandie, du fait de sa liaison avec Mme de Bernières ; il est atteint par la petite vérole.	1723 *Poème de la Ligue ou Henri le Grand*, première version de *La Henriade*.
1724 Il loge rue de Beaune, chez M. et Mme de Bernières.	
1725 Bien en cour, Voltaire obtient la grâce de l'abbé Desfontaines, ainsi qu'une pension de la reine.	1725 *L'Indiscret* (comédie).
1726 Bâtonné par les gens du chevalier de Rohan, Voltaire veut le provoquer en duel : il est emprisonné puis autorisé à partir en exil à Londres.	

ÉVÉNEMENTS CULTURELS ET ARTISTIQUES	ÉVÉNEMENTS HISTORIQUES ET POLITIQUES
	1719 Guerre franco-espagnole. Mort de Mme de Maintenon.
1720 Marivaux, *Arlequin poli par l'amour*.	**1720** Traité de Madrid. Law est nommé contrôleur général des finances mais démissionne en mai (débâcle financière).
1721 Montesquieu, *Les Lettres persanes*. Johann Sebastian Bach, *Concertos brandebourgeois*.	**1721** Alliance franco-espagnole.
1722 Marivaux, *La Surprise de l'amour*.	**1722** Sacre de Louis XV ; Dubois est son « principal ministre ».
	1723 Mort du Régent ; avènement de Louis XV ; le duc de Bourbon devient Premier ministre.
1724 Naissance d'Emmanuel Kant.	**1724** Mesures de rigueur contre les protestants, dont les prédicants sont passibles de la peine de mort. Création officielle de la Bourse de Paris.
1725 Marivaux, *L'Île des esclaves*.	**1725** Création de l'impôt du cinquantième. Annonce du mariage de Louis XV avec Marie Leszczynska. Ligue de Hanovre (Angleterre, France, Prusse) contre l'Espagne.
1726 Swift, *Les Voyages de Gulliver*. Vivaldi, *Les Quatre Saisons*.	**1726** Ministère de Fleury (jusqu'en 1743).

Vie	Œuvres
1727 Voltaire rencontre Swift. Il est présenté au roi George Iᵉʳ.	
1728 La publication par souscription de *La Henriade* lui rapporte une somme importante ; il rentre clandestinement en France en novembre.	1728 *La Henriade.*
1729 Voltaire obtient l'autorisation de demeurer en France ; sa fortune s'accroît à la suite d'opérations financières et commerciales.	
1730 Mort d'Adrienne Lecouvreur.	1730 *Ode sur la mort de Mlle Lecouvreur.* *Brutus* (tragédie).
1731 Séjour à Rouen, où il prépare l'édition clandestine de l'*Histoire de Charles XII.*	1731 *Histoire de Charles XII.*
	1732 *Le Temple de l'amitié.* *Sémiramis, Zaïre* (tragédies).
1733 Rencontre Mme du Châtelet.	1733 *Lettres philosophiques.* *Le Temple du goût.*
1734-1735 Fréquente Maupertuis ; les *Lettres philosophiques* sont condamnées par le Parlement et brûlées ; une lettre de cachet oblige Voltaire à fuir Paris.	
1735-1740 Voltaire réside à Cirey.	
	1736 *Le Mondain.*

ÉVÉNEMENTS CULTURELS ET ARTISTIQUES	ÉVÉNEMENTS HISTORIQUES ET POLITIQUES
1727 Mort de Newton. Ramsay, *Les Voyages de Cyrus.* 1728 Débuts des *Nouvelles ecclésiastiques,* journal janséniste.	1727 Suppression du cinquantième. Mort du diacre François Pâris.
1729 Jean-Jacques Rousseau est accueilli par Mme de Warens ; il abjure le protestantisme.	1729 Naissance du Dauphin. Traité de Séville entre la France, l'Espagne et l'Angleterre.
1730 Marivaux, *Le Jeu de l'amour et du hasard.*	1730 Mouvement des convulsionnaires de Saint-Médard (sur la tombe de François Pâris).
1731 Abbé Prévost, *Manon Lescaut.* Marivaux, *La Vie de Marianne.*	1731 Fermeture du Club de l'Entresol.
1732 Abbé Pluche, *Le Spectacle de la nature.*	1732 Fermeture du cimetière de Saint-Médard. 1733 Guerre de la France et de la Savoie contre l'Autriche (Succession de Pologne). L'impôt du dixième est rétabli.
1734-1735 Marivaux, *Le Paysan parvenu.*	
1735 Réaumur, *Mémoires pour servir à l'histoire des insectes.* Lesage, *Gil Blas de Santillane.* 1736 Maupertuis entreprend des travaux pour mesurer la Terre avec La Condamine, Camus et Celsius.	1736 Interdiction de tenue des Loges maçonniques.

Vie	Œuvres
	1738 *Discours en vers sur l'homme. Éléments de la philosophie de Newton.*
1740 Voltaire rencontre Frédéric II.	
1740 et 1743 Voltaire est chargé de missions diplomatiques auprès de Frédéric II.	
1742 et 1743 Échecs de la candidature de Voltaire à l'Académie.	1742 *Mahomet* (tragédie) interdite à Paris.
1743 Il est élu à la Royal Society de Londres.	1743 *Mérope* (tragédie).
1744 (aux alentours de) Madame Denis devient sa maîtresse.	
1745 27 mars Voltaire obtient la charge d'historiographe du roi. Il connaît personnellement la nouvelle favorite, Mme de Pompadour.	1745 *Discours en vers sur l'homme.*
1746 25 avril Voltaire est élu à l'Académie française.	
1747 Voltaire n'est plus en faveur à cause d'un impair au « jeu de la reine ».	1747 *Memnon, histoire orientale* ; *Zadig, ou la destinée.*
1748 Voltaire séjourne en Lorraine, à la cour du roi Stanislas.	1748 *Le monde comme il va.*
1749 10 septembre Mort en couches de Mme du Châtelet.	
1750 Voltaire devient le chambellan du roi de Prusse, et arrive à Berlin le 23 juillet.	

TABLEAU CHRONOLOGIQUE

ÉVÉNEMENTS CULTURELS ET ARTISTIQUES	ÉVÉNEMENTS HISTORIQUES ET POLITIQUES
	1738 Traité de Vienne. Maurepas ministre d'État.
1740 Richardson, *Paméla*. Abbé Prévost, *Histoire d'une Grecque moderne*.	**1740-1748** Guerre de Succession d'Autriche. Frédéric II accède au trône en Prusse. Benoît XIV, pape apprécié de Voltaire, succède à Clément XII. À la mort de Fleury en 1743, Louis XV annonce qu'il gouvernera seul ; les frères d'Argenson deviennent ministres.
	1744 Début de la guerre coloniale avec l'Angleterre.
1745 Mort de Swift ; travaux de d'Alembert en mathématiques et en astronomie ; Buffon, *De la formation des planètes*.	**1745** La future Mme de Pompadour est installée à la cour.
1746 Condillac, *Essai sur l'origine des connaissances humaines*.	
1747 La Mettrie, *L'Homme-Machine*.	**1747** Disgrâce de d'Argenson.
1748 Montesquieu, *De l'esprit des lois*.	**1748** Accord entre la France et l'Angleterre.
1749 Buffon publie les trois premiers volumes de son *Histoire naturelle*. Diderot, *Lettre sur les aveugles*. Condillac, *Traité des systèmes*.	**1749** Création de l'impôt du vingtième. Mandement de l'évêque d'Amiens imposant le « billet de confession ».
1750 Prospectus de l'*Encyclopédie*. Rousseau, *Discours sur les sciences et les arts*.	**1750** Édit créant une noblesse militaire.

VIE	ŒUVRES
	1751 *Le Siècle de Louis XIV* (sous le pseudonyme de M. de Francheville).
	1752 *Micromégas* ; *Sermon des cinquante* (diffusion secrète et anonyme) ; *Diatribe du docteur Akakia* (contre Maupertuis).
1753 Départ rocambolesque de Berlin ; Voltaire séjourne provisoirement à Colmar et à Plombières.	
	1754-1758 Voltaire fournit environ quarante articles à l'*Encyclopédie*.
1755 De mars 1755 à décembre 1760, Voltaire séjourne aux Délices.	
	1756 *Poème sur le désastre de Lisbonne ; Essai sur les mœurs et l'esprit des nations.*
1757 Mission diplomatique de Voltaire pour tenter d'obtenir une paix séparée entre la France et la Prusse.	
1758 Voltaire achète le château de Tourney qui complète le domaine de Ferney.	1758 Voltaire rédige *Candide*.
1759 Poursuites officielles contre Voltaire à Genève et Paris.	1759 *Candide ou l'Optimisme* connaît un large succès.

ÉVÉNEMENTS CULTURELS ET ARTISTIQUES	ÉVÉNEMENTS HISTORIQUES ET POLITIQUES
1751 Premier volume de l'*Encyclopédie*.	
1752 Fontenelle, *Théorie des tourbillons* ; Maupertuis, *Lettre sur le progrès des sciences* ; arrêt du Conseil contre l'*Encyclopédie*.	1752 Guerre franco-anglaise pour la possession du Carnatic aux Indes ; victoire anglaise. 1752-1754 Querelle des Bouffons.
1753 Début de *La Correspondance littéraire, philosophique et critique* de Grimm.	1753 Montée du conflit entre les Parlements et le pouvoir royal.
1754 Début de *L'Année littéraire* de Fréron ; Condillac, *Traité des sensations*.	1754 Mme de Pompadour est favorite ; naissance du duc de Berry, futur Louis XVI.
1755 Jean-Jacques Rousseau, *Discours sur l'origine et les fondements de l'inégalité parmi les hommes*.	1755 1er novembre Tremblement de terre de Lisbonne. 1756-1763 Guerre de Sept Ans ; la France déclare la guerre à l'Angleterre. Création d'un second vingtième.
1757 Offensive du *Mercure de France* contre les Philosophes, appelés les « Cacouacs » ; Diderot, *Le Fils naturel* ; D'Alembert, article *Genève* de l'*Encyclopédie* (tome 7).	1757 Attentat de Damiens contre Louis XV.
1758 Révocation du privilège de l'*Encyclopédie* ; *De L'esprit*, d'Helvétius, subit le même sort.	1758 Clément XIII succède à Benoît XIV.
1759 Rome condamne à son tour l'*Encyclopédie* ; début des *Salons* de Diderot.	
	1760 Édit créant un troisième vingtième.

VIE	ŒUVRES
1762-1763 Affaire Calas. **1762-1771** Affaire Sirven.	
1763 Voltaire prend la défense de Calas.	1763 *Traité sur la tolérance.*
	1764 *Dictionnaire philosophique portatif* ; *Le Sentiment des citoyens* (réponse à Jean-Jacques Rousseau) ; *Jeannot et Colin.*
1765 Réhabilitation de Calas. 1766-1778 Affaire Lally-Tollendal.	1765 *De l'horrible danger de la lecture.* 1766 *Le Philosophe ignorant.*
	1767 *L'Ingénu.*
	1768 *L'Homme aux quarante écus*, *La Princesse de Babylone* (contes).
1770 Voltaire est statufié par Pigalle. Condorcet est accueilli à Ferney. 1770-1773 Affaire Montbailli.	1770-1772 *Questions sur l'Encyclopédie* (9 volumes).

Événements culturels et artistiques	Événements historiques et politiques
1761 Rousseau, *Julie ou la Nouvelle Héloïse.*	1761 Pierre III succède à Élisabeth Ire de Russie.
1762 Rousseau, *Émile, ou De l'éducation* ; *Du contrat social.* Gluck, *Orphée et Euridice* (opéra).	1762 Détrônant son mari, Catherine II devient tsarine. Le supplice de la roue est infligé à Jean Calas.
1763 Mort de Marivaux ; inauguration de la statue de Louis XV par Bouchardon ; départ de Bougainville pour explorer l'hémisphère austral.	1763 Traité de Paris mettant fin à la guerre de Sept Ans ; la France cède le Canada et ses possessions indiennes à l'Angleterre. Condamnation des francs-maçons. Édit permettant la libre circulation des grains et farines dans le royaume ; émeutes de la faim.
1764 Horace Walpole, *Le Château d'Otrante* ; Beccaria, *Des délits et des peines.*	1764 Mort de Mme de Pompadour. Création des dépôts de mendicité. Suppression de la Compagnie de Jésus expulsée hors du royaume.
	1765 Mort du Dauphin Louis.
1766 Lessing, *Laocoon.* 1766-1769 Voyage de Bougainville.	1766 1er juillet Supplice du chevalier de La Barre. Le *Traité de la tolérance* est mis à l'Index.
1767 Beaumarchais, *Essai sur le genre dramatique sérieux.*	1767 D'autres pays comme l'Espagne expulsent les jésuites.
1768 Premier voyage de Cook dans les mers australes.	1768 La future Mme du Barry devient la maîtresse de Louis XV ; mort de la Reine.
1769 Saint-Lambert, *Les Saisons.*	1769 Clément XIV devient pape.
1770 D'Holbach, *Système de la nature.*	1770 Renvoi de Choiseul. Mariage du Dauphin avec Marie-Antoinette d'Autriche.

VIE	ŒUVRES
1773 Premières atteintes de strangurie.	
	1774 *Le Taureau blanc* (conte).
	1775 *Histoire de Jenni* (conte).
	1777 Publication des *Dernières remarques sur Pascal ; Dialogues d'Évhémère.*
1778 10 février Retour à Paris ; le 30 mars, il assiste à une représentation d'*Irène* qui donne lieu à un hommage public. 30 mai Mort de Voltaire	
	1779-1789 Édition de Kehl.
1791 Les cendres de Voltaire sont transférées au Panthéon.	

TABLEAU CHRONOLOGIQUE

Événements culturels et artistiques	Événements historiques et politiques
	1771 Dispersion du Parlement de Paris.
	1773 Clément XIV supprime l'ordre des jésuites. Fondation du Grand Orient de France (franc-maçonnerie).
1774 Goethe, *Les Souffrances du jeune Werther*. Lavoisier découvre l'oxygène et fonde la chimie moderne.	1774 Mort de Louis XV (variole) ; avènement de Louis XVI, qui réinstalle le Parlement.
1775 Beaumarchais, *Le Barbier de Séville*.	1775 Suppression de la gabelle en pays de Gex, à l'initiative de Turgot, ministre de Louis XV.
1776 D'Holbach, *La Morale universelle*.	1776 Chute de Turgot, qui laisse inachevée sa réforme fiscale. Indépendance des États-Unis.
1777 Création du premier quotidien, le *Journal de Paris*.	1777 Necker, directeur général des finances ; premier emprunt Necker.
1778 Mort de Jean-Jacques Rousseau.	1778 Début de la guerre de Succession de Bavière.
	1779 Parution de l'édit royal, tant réclamé par Voltaire (depuis 1770), interdisant le servage.

GENÈSE DE L'ŒUVRE

Le monde comme il va

C'est l'un des premiers contes publiés par Voltaire, en 1748. Il fut peut-être esquissé dès 1739, année de la publication des *Discours en vers sur l'homme* où s'exprime la même indignation devant les malheurs que l'homme provoque sans cesse. C'est aussi la date du retour de Voltaire à Paris : à l'enthousiasme se mêle la critique, au plaisir la déception. Tout comme Babouc à Persépolis, il est fêté à Paris, et leur conclusion est identique : « Paris est comme la statue de Nabuchodonosor, en partie or, en partie fange », écrit Voltaire à Caylus.

Mais le conte n'est publié qu'en 1748, peut-être sous l'influence de la cour de Sceaux où il séjourne à nouveau en novembre et décembre 1747. Dans cette société frivole que Voltaire a fréquentée dès 1714, tout se mettait en vers, surtout les bons mots et les traits d'esprit ; le *Crocheteur borgne* et *Cosi-Sancta* furent sans doute composés en même temps que Voltaire mettait la dernière main au *Monde comme il va*. Le texte affiche un orientalisme alors fort à la mode et tout à fait transparent pour parler de la société mondaine de son temps. Montesquieu avait publié ses *Lettres persanes* en 1721 où, sur le même principe, le regard oriental mettait la société mondaine de son temps face à ses contradictions et à ses travers.

Ainsi le titre affiche un double patronage : à la fiction orientale du sous-titre se superpose la reprise d'un dicton des couvents : « Le monde comme il va ». Le détournement de la figure de l'Ange exterminateur envoyé par Ituriel, empruntée aux livres d'Esdras et de

Jonas, constitue bien entendu un coup finement porté à la philosophie chrétienne : les sermons des prédicateurs avaient fait du thème un lieu commun de l'apologétique chrétienne, pour inviter à l'humilité et à l'acceptation du mal. Mais la foi même de Voltaire lui rend inacceptable l'idée que le mal aurait un sens dans les vastes desseins de Dieu. Ramenant la question sur un plan humain, il invite ses lecteurs à suivre la voie païenne de Babouc : accepter « le monde comme il va », non pas dans l'attente d'une plus haute vie, mais parce qu'il correspond à nos limites terrestres et humaines.

Le titre a peu évolué entre la première impression, au tome 8 des *Œuvres* de Voltaire publiées à Dresde en 1748, et les suivantes (1749, 1751). Dans la première édition, le nom de Babouc intervenait dans le sous-titre : *vision de Babouc, écrite par lui-même*. Le terme de vision, tout en connotant la fantaisie, renforçait le sens symbolique du conte et insistait sur la subjectivité de ce regard étranger.

Micromégas

Publié en 1752, ce conte est très vraisemblablement antérieur : Voltaire en parle alors comme d'une « ancienne plaisanterie » et, à examiner les allusions qui s'y trouvent, on peut en estimer la composition également aux alentours de 1739. Une première ébauche du récit avait été envoyée à Frédéric II en 1738 sous le titre *Voyage du baron de Gangan*, accompagnée de ce commentaire : cette « fadaise philosophique ne doit être lue que comme on se délasse d'un travail sérieux avec les bouffonneries d'Arlequin. » Ce « travail sérieux », c'était la lecture et l'étude de Newton, ainsi que la rédaction des *Éléments de la philosophie de Newton*. À l'époque, Cirey est le théâtre d'un enthousiasme collectif pour la physique et la cosmologie newtoniennes ;

Maupertuis, qui fait partie du cercle, a entrepris la mesure du méridien pour vérifier l'hypothèse du savant anglais : la loi de la gravitation laissait penser que la Terre devait être légèrement aplatie aux pôles, ce que contredisaient les observations antérieures. Mais l'équipe scientifique partie le 2 mai 1736 de Dunkerque revient à la fin du mois de juillet avec des observations plus précises qui confirment cette fois la justesse des calculs de Newton.
La vision du monde proposée par la nouvelle physique en sort renforcée ; elle offre l'image d'un univers à la fois infini et rassurant, et ce n'est pas un hasard si les deux voyageurs interplanétaires utilisent les comètes pour véhicules : les découvertes de Newton peuvent mener les hommes à découvrir l'univers tout entier. L'exactitude mathématique des mesures pousse l'optimisme à son comble : tout se tient dans l'univers, et les savants de toutes les planètes parlent le même langage.
Mais la formule traditionnelle du « voyage imaginaire » qui connaît une faveur grandissante tout au long du XVIIIe siècle, et en particulier sa version interplanétaire, est inversée par Voltaire : ce n'est pas l'homme qui part à la rencontre de personnages extraterrestres (tel le personnage de Cyrano de Bergerac, dans *L'Autre Monde, ou États et Empires de la Lune* publié en 1657), ce sont des habitants de Sirius et de Saturne qui viennent observer la Terre. De sorte que le voyage devient une espèce d'expérience mentale, par laquelle l'homme s'imagine venir de Sirius pour mieux se regarder. Le regard de Micromégas, étranger comme celui de Babouc, est plus intellectuel ; son nom fait de lui une pure abstraction. Une contradiction même : grand et petit à la fois, le géant de Sirius est comme l'« œil » de l'esprit dont parle Locke. Le *Traité de métaphysique* (1734) utilise égale-

ment la méthode du philosophe anglais : c'est en se dédoublant, en s'observant « candidement » et sans préjugés que le philosophe peut espérer avoir une vue exacte de ce qu'est l'homme.

Vu de Sirius, l'homme est un animal bien plus petit que ce qu'il croit ordinairement ! Le troisième auteur avec lequel Voltaire dialogue au travers de son conte est le philosophe anglais Pope, dont l'*Essai sur l'homme* est adressé à lord Bolingbroke. Pope relativise la position de l'homme dans l'univers et insiste sur sa petitesse et ses erreurs, comme le fait aussi le sixième des *Discours en vers sur l'homme* que Voltaire compose en juillet 1738. Mais il ne s'agit pas de désespérer l'homme ; au contraire, en lui montrant quelles sont les limites de son existence, il s'agit de l'amener à envisager concrètement sa vie et son bonheur en cherchant un équilibre entre ses désirs et ses possibilités. Sur ce point, Voltaire poursuit la voie tracée avant lui par le satiriste grec Lucien, auteur d'une *Histoire véritable* au IIe siècle après J.-C., Rabelais bien sûr et son géant Gargantua (1534), Cyrano de Bergerac avec les êtres sidéraux rencontrés dans *L'Autre Monde*, et par son contemporain Swift avec ses *Voyages de Gulliver* (1726).

Le géant, dans la mythologie antique ou la religion chrétienne, est un être brutal et monstrueux, qui représente tout ce que l'homme doit vaincre : le géant Og dans la Bible est d'une force et d'une taille colossales, et ce n'est que grâce à l'intervention de Yahvé que Moïse parvient à le vaincre ; inversement le dieu Apollon a besoin d'un homme, Héraclès, pour vaincre le géant Éphialtès. Mais notre géant n'est pas un être monstrueux ; il n'apparaît ainsi que parce que les hommes qui le regardent jugent tout à leur échelle. Gulliver est un géant pour les Lilliputiens, un nain pour les habitants de

Brobdingnag... On est toujours le nain d'une autre créature, qui peut enfin nous défaire de notre orgueil. Mais la leçon de relativisme est porteuse d'espoir : les philosophes de toutes les planètes, à condition de renoncer aux questions métaphysiques (de l'âme et des substances), avancent vers un même idéal de connaissance. Le géomètre banni de Sirius pourrait affirmer avec Locke, « qu'il n'y a de connaissances vraiment dignes de ce nom que celles qui conduisent à quelque invention nouvelle et utile, toute autre spéculation étant une occupation de désœuvré » *(De Arte Medica)*.

Jeannot et Colin

Publié en avril 1764 dans les *Contes de Guillaume Vadé* avec « Le Blanc et le Noir », ce recueil mélange sans les dissocier sept contes en vers et trois en prose (auxquels il faut ajouter quatorze morceaux détachés). L'auteur y utilisait le pseudonyme de Vadé, auteur réel mort en 1757 auquel « Voltaire procura *post mortem* une prolifique et prolixe famille » (A. Magnan, *Inventaire Voltaire*, p. 1361) : un fils, Guillaume, qui écrit *Jeannot et Colin*, dont le frère écrit *Le Blanc et le Noir*, leur sœur préfaçant l'ensemble... Le jeu des pseudonymes est courant chez Voltaire à qui il apportait autant de plaisir que de sécurité ; « multiforme », Voltaire s'est aussi voulu caméléon : il aurait utilisé plus de 175 pseudonymes, sans compter les signatures internes, les adresses factices, les anonymes fabulés... Faire de la censure un espace de jeu, tel est le pari réussi de Voltaire qui déjoue les « muphtis de son pays », avec un art de la dissimulation qui lui permet de séduire et mystifier tout à la fois son lecteur. Ce goût du masque le rapproche de nombreux auteurs de son temps, à l'exception notable de Jean-Jacques Rousseau.

Par ailleurs, le conte semble juxtaposer deux traditions bien différentes : celle du conte moral, à la façon de Marmontel, dont les *Contes moraux* publiés en 1758 connaissent alors un grand succès, et celle de la satire. Pour la première fois, Voltaire démontre ici ses capacités en matière de « sentiment » ainsi que la sensibilité et l'humanité de sa réflexion sur le bonheur. La moralité qui y est développée – « le bonheur n'est pas dans la vanité » – n'est pas originale, et elle a surtout pour fonction d'amener le développement satirique visant la frivolité parisienne. Le conte reprend des sources littéraires connues des lecteurs de l'époque, en particulier par *Les Précieuses ridicules* (1659) de Molière, qui fait prononcer par Mascarille une phrase reprise du *Grand Cyrus* (1649-1653) de Mademoiselle de Scudéry : « Les gens de qualité savent tout sans avoir rien appris. » (scène 9) C'est donc dans l'association de ces deux registres qu'il faut chercher la réelle originalité de ce conte : la sagacité de Colin lui ôte l'innocence parfois douceâtre de ses confrères des contes moraux, tandis qu'inversement le malheur bien réel de Jeannot lui rend la sensibilité que les satires dénient au Parisien frivole.

Le recueil connut un immense succès, comme en témoignent les six impressions successives dans le courant de l'année 1764, ainsi que la reprise de *Jeannot et Colin* par Florian qui adapte le conte pour la scène en 1780 ; son inspiration est proche de celle de Voltaire, et ses *Arlequinades* procèdent aussi d'une association du sentiment et des thèmes comiques de la *commedia dell'arte*.

Portrait de Voltaire d'après M. Q. de La Tour (vers 1736).
Paris, Bibliothèque nationale.

Le monde comme il va
Micromégas
Jeannot et Colin

VOLTAIRE

Contes philosophiques

BABOUC,

OU

LE MONDE COMME IL VA.

CHAPITRE PREMIER.

L'APARITION.

Parmi les Génies qui préſident aux empires du monde, Ituriel tient un des premiers rangs, & il a le département de la haute Aſie. Il deſcendit un matin dans la demeure du Scythe Babouc ſur le rivage de l'Oxus, & lui dit : Babouc, les folies & les excès des Perſes ont atiré notre colere ; il s'eſt tenu hier une aſſemblée des Génies de la haute Aſie, pour fa-

Tome I. H

Frontispice du Monde comme il va *pour l'édition de 1778.*
Paris, Bibliothèque nationale.

Le monde comme il va

Parmi les génies qui président aux empires du monde, Ituriel tient un des premiers rangs, et il a le département de la haute Asie. Il descendit un matin dans la demeure du Scythe[1] Babouc, sur le rivage de l'Oxus[2], et lui dit : « Babouc, les folies et les excès des Perses ont attiré notre colère ; il s'est tenu hier une assemblée des génies de la haute Asie pour savoir si on châtierait Persépolis[3], ou si on la détruirait. Va dans cette ville, examine tout ; tu reviendras m'en rendre un compte fidèle et je me déterminerai, sur ton rapport, à corriger la ville ou à l'exterminer. — Mais, Seigneur, dit humblement Babouc, je n'ai jamais été en Perse ; je n'y connais personne. — Tant mieux, dit l'ange, tu ne seras point partial ; tu as reçu du Ciel le discernement, et j'y ajoute le don d'inspirer la confiance ; marche, regarde, écoute, observe, et ne crains rien : tu seras partout bien reçu. »

Babouc monta sur son chameau et partit avec ses serviteurs. Au bout de quelques journées, il rencontra

1. **Scythes** : peuple de langue iranienne, établi entre le Danube et le Don à partir du XIIe siècle avant J.-C. Dans la littérature grecque et latine et jusque dans la littérature classique, ils représentent la barbarie et la violence.
2. **Oxus** : ancien nom de l'Amou-Daria, fleuve d'Asie qui se jette dans la mer d'Aral (située aux confins du Kazakhstan et de l'Ouzbékistan actuels).
3. **Persépolis** : capitale de l'Empire perse achéménide fondée par Darios Ier, et détruite en 330 avant J.-C. À l'inverse des Scythes, les Perses représentaient souvent le raffinement.

vers les plaines de Sennaar[1] l'armée persane qui allait combattre l'armée indienne. Il s'adressa d'abord à un soldat qu'il trouva écarté. Il lui parla, et lui demanda quel était le sujet de la guerre. « Par tous les dieux, dit le soldat, je n'en sais rien. Ce n'est pas mon affaire : mon métier est de tuer et d'être tué pour gagner ma vie ; il n'importe qui je serve. Je pourrais bien même dès demain passer dans le camp des Indiens, car on dit qu'ils donnent près d'une demi-drachme[2] de cuivre par jour à leurs soldats de plus que nous n'en avons dans ce maudit service de Perse. Si vous voulez savoir pourquoi on se bat, parlez à mon capitaine. »

Babouc, ayant fait un petit présent au soldat, entra dans le camp. Il fit bientôt connaissance avec le capitaine, et lui demanda le sujet de la guerre. « Comment voulez-vous que je le sache ? dit le capitaine, et que m'importe ce beau sujet ? J'habite à deux cents lieues de Persépolis ; j'entends dire que la guerre est déclarée ; j'abandonne aussitôt ma famille, et je vais chercher, selon notre coutume, la fortune ou la mort, attendu que je n'ai rien à faire. — Mais vos camarades, dit Babouc, ne sont-ils pas un peu plus instruits que vous ? — Non, dit l'officier, il n'y a guère que nos principaux satrapes[3] qui savent bien précisément pourquoi on s'égorge. »

1. **Sennaar** : nom biblique de la Babylonie, partie inférieure de la Mésopotamie, qui fut appelée la Chaldée (au VIIe siècle avant J.-C.) et qui fait aujourd'hui partie de l'Irak.
2. **Drachme** : unité de poids et de monnaie dans la Grèce ancienne ; la drachme de cuivre ne valait qu'un soixantième de la drachme d'argent, qui ne pesait déjà que quelques grammes.
3. **Satrapes** : gouverneurs des satrapies, ou provinces, de l'ancienne Perse. Le terme connaît le sens figuré de « personne menant une vie fastueuse et exerçant une autorité despotique ».

Babouc, étonné, s'introduisit chez les généraux ; il entra dans leur familiarité. L'un d'eux lui dit enfin : « La cause de cette guerre, qui désole depuis vingt ans l'Asie, vient originairement d'une querelle entre un eunuque d'une femme du grand roi de Perse et un commis d'un bureau du grand roi des Indes. Il s'agissait d'un droit qui revenait à peu près à la trentième partie d'une darique[1]. Le premier ministre des Indes et le nôtre soutinrent dignement les droits de leurs maîtres. La querelle s'échauffa. On mit de part et d'autre en campagne une armée d'un million de soldats. Il faut recruter cette armée tous les ans de plus de quatre cent mille hommes. Les meurtres, les incendies, les ruines, les dévastations se multiplient ; l'univers souffre, et l'acharnement continue. Notre premier ministre et celui des Indes protestent souvent qu'ils n'agissent que pour le bonheur du genre humain ; et à chaque protestation il y a toujours quelques villes détruites et quelques provinces ravagées. »

Le lendemain, sur un bruit qui se répandit que la paix allait être conclue, le général persan et le général indien s'empressèrent de donner bataille ; elle fut sanglante. Babouc en vit toutes les fautes et toutes les abominations ; il fut témoin des manœuvres des principaux satrapes, qui firent ce qu'ils purent pour faire battre leur chef. Il vit des officiers tués par leurs propres troupes ; il vit des soldats qui achevaient d'égorger leurs camarades expirants pour leur arracher quelques lambeaux sanglants, déchirés et couverts de fange. Il entra dans les hôpitaux où l'on transportait les blessés,

1. **Darique** : monnaie d'or créée par Darios Ier.

dont la plupart expiraient par la négligence inhumaine de ceux mêmes que le roi de Perse payait chèrement pour les secourir. « Sont-ce là des hommes, s'écria Babouc, ou des bêtes féroces ? Ah ! je vois bien que Persépolis sera détruite. »

Occupé de cette pensée, il passa dans le camp des Indiens. Il y fut aussi bien reçu que dans celui des Perses, selon ce qui lui avait été prédit ; mais il y vit tous les mêmes excès qui l'avaient saisi d'horreur. « Oh, oh ! dit-il en lui-même, si l'ange Ituriel veut exterminer les Persans, il faut donc que l'ange des Indes détruise aussi les Indiens. » S'étant ensuite informé plus en détail de ce qui s'était passé dans l'une et l'autre armée, il apprit des actions de générosité, de grandeur d'âme, d'humanité, qui l'étonnèrent et le ravirent. « Inexplicables humains, s'écria-t-il, comment pouvez-vous réunir tant de bassesse et de grandeur, tant de vertus et de crimes ? »

Cependant la paix fut déclarée. Les chefs des deux armées, dont aucun n'avait remporté la victoire, mais qui, pour leur seul intérêt, avaient fait verser le sang de tant d'hommes, leurs semblables, allèrent briguer dans leurs cours des récompenses. On célébra la paix dans des écrits publics qui n'annonçaient que le retour de la vertu et de la félicité sur la terre. « Dieu soit loué ! dit Babouc ; Persépolis sera le séjour de l'innocence épurée ; elle ne sera point détruite comme le voulaient des vilains génies : courons sans tarder dans cette capitale de l'Asie. »

Il arriva dans cette ville immense par l'ancienne

LA MISSION DE BABOUC ET LA PREMIÈRE IMAGE DE PERSÉPOLIS

REPÈRES

1. Qui sont Ituriel et Babouc ?
2. Quel est le premier personnage que rencontre Babouc ?
3. Peut-on situer l'époque à laquelle se passe l'histoire ?

OBSERVATION

4. Relevez tous les termes qui désignent l'endroit où se déroule l'histoire.
5. Où se trouve l'explication de la guerre entre la Perse et l'Inde ? Résumez-la en une courte phrase.
6. Comment Voltaire souligne-t-il l'horreur éprouvée par Babouc ? Commentez en particulier les verbes employés et la structure des phrases.
7. Quel est le rôle des nombres évoqués au cours du dialogue ? Commentez le sens de chacun d'eux.
8. Quelles images nous sont données du champ de bataille ?
9. Tout est-il négatif dans l'enquête que mène Babouc ? Quel élément rachète quelque peu la conduite humaine ?
10. Rassemblez les termes appartenant au champ lexical de la guerre. Quel est le terme qui exprime le plus la violence, selon vous ?

INTERPRÉTATIONS

11. Pourquoi le soldat et son capitaine ignorent-ils la cause de la guerre à laquelle ils participent ? Qu'est-ce que cela implique ?

12. Envers quel personnage Voltaire semble-t-il le plus critique ? Mettez en relation le conte et l'époque à laquelle il a été écrit, pour déterminer ceux qui pouvaient se sentir visés par l'écrivain.
13. Comment Voltaire parvient-il à donner une valeur générale à cette évocation de la guerre indo-persane ?
14. À quelle conclusion paradoxale Babouc aboutit-il ?

DE LA LECTURE À L'ÉCRITURE

15. Babouc ne cherche pas à en voir plus et remonte auprès d'Ituriel juste après la bataille. Imaginez son rapport.

entrée[1], qui était toute barbare et dont la rusticité dégoûtante offensait les yeux. Toute cette partie de la ville se ressentait du temps où elle avait été bâtie ; car, malgré l'opiniâtreté des hommes à louer l'antique aux dépens du moderne, il faut avouer qu'en tout genre les premiers essais sont toujours grossiers.

Babouc se mêla dans la foule d'un peuple composé de ce qu'il y avait de plus sale et de plus laid dans les deux sexes. Cette foule se précipitait d'un air hébété dans un enclos vaste et sombre. Au bourdonnement continuel, au mouvement qu'il y remarqua, à l'argent que quelques personnes donnaient à d'autres pour avoir droit de s'asseoir, il crut être dans un marché où l'on vendait des chaises de paille ; mais bientôt, voyant que plusieurs femmes se mettaient à genoux, en faisant semblant de regarder fixement devant elles et en regardant les hommes de côté, il s'aperçut qu'il était dans un temple. Des voix aigres, rauques, sauvages, discordantes faisaient retentir la voûte de sons mal articulés, qui faisaient le même effet que les voix des onagres[2] quand elles répondent, dans les plaines des Pictaves[3], au cornet à bouquin[4] qui les appelle. Il se bouchait les oreilles ; mais il fut prêt de se boucher encore les yeux et le nez, quand il vit entrer dans ce temple des ouvriers avec des pinces et des pelles. Ils remuèrent une large pierre, et jetèrent à droite et à gauche une terre dont s'exhalait une odeur empestée ; ensuite, on vint poser

1. **L'ancienne entrée :** allusion à la porte du faubourg Saint-Marceau, quartier très pauvre au XVIIIe siècle.
2. **Onagres :** ânes sauvages vivant en Iran (l'ancienne Perse) et en Inde.
3. **Pictaves :** nom antique des Poitevins, connus pour leurs élevages d'ânes.
4. **Cornet à bouquin :** trompe grossière (le bouquin était un vieux bouc).

un mort dans cette ouverture, et on remit la pierre par-dessus.

« Quoi ? s'écria Babouc, ces peuples enterrent leurs morts dans les mêmes lieux où ils adorent la Divinité ! Quoi ! leurs temples sont pavés de cadavres ! Je ne m'étonne plus de ces maladies pestilentielles qui désolent souvent Persépolis. La pourriture des morts, et celle de tant de vivants rassemblés et pressés dans le même lieu, est capable d'empoisonner le globe terrestre. Ah ! la vilaine ville que Persépolis ! Apparemment que les anges veulent la détruire pour en rebâtir une plus belle, et pour la peupler d'habitants moins malpropres et qui chantent mieux. La Providence peut avoir ses raisons ; laissons-la faire. »

Cependant le soleil approchait du haut de sa carrière. Babouc devait aller dîner[1] à l'autre bout de la ville chez une dame pour laquelle son mari, officier de l'armée, lui avait donné des lettres. Il fit d'abord plusieurs tours dans Persépolis ; il vit d'autres temples mieux bâtis et mieux ornés, remplis d'un peuple poli, et retentissants d'une musique harmonieuse ; il remarqua des fontaines publiques[2], lesquelles, quoique mal placées, frappaient les yeux par leur beauté ; des places où semblaient respirer en bronze les meilleurs rois[3] qui avaient gouverné la Perse ; d'autres places où il entendait le peuple s'écrier : « Quand verrons-nous ici le

1. **Dîner :** déjeuner aujourd'hui.
2. **Fontaines publiques :** Voltaire fait allusion à la fontaine des Innocents (quartier des Halles) et à celle des Quatre Saisons, sculptée par Bouchardon entre 1716 et 1739, qui était coincée entre deux maisons de la rue de Grenelle.
3. **Rois :** allusion aux statues d'Henri IV d'une part, dans l'île de la Cité, de Louis XIII place des Vosges d'autre part, ainsi que de Louis XIV, place des Victoires. « Le maître que nous chérissons », plus bas, désigne Louis XV, dont il était prévu de faire la statue depuis 1748 (elle fut réalisée en 1763).

maître que nous chérissons ? » Il admira les ponts magnifiques élevés sur le fleuve, les quais superbes et commodes, les palais bâtis à droite et à gauche, une maison immense[1] où des milliers de vieux soldats blessés et vainqueurs rendaient chaque jour grâce au Dieu des armées. Il entra enfin chez la dame qui l'attendait à dîner avec une compagnie d'honnêtes gens. La maison était propre et ornée, le repas délicieux, la dame jeune, belle, spirituelle, engageante, la compagnie digne d'elle ; et Babouc disait en lui-même à tout moment : « L'ange Ituriel se moque du monde de vouloir détruire une ville si charmante. »

Cependant il s'aperçut que la dame, qui avait commencé par lui demander tendrement des nouvelles de son mari, parlait plus tendrement encore, sur la fin du repas, à un jeune mage[2]. Il vit un magistrat qui, en présence de sa femme, pressait avec vivacité une veuve, et cette veuve indulgente avait une main passée autour du cou du magistrat, tandis qu'elle tendait l'autre à un jeune citoyen très beau et très modeste. La femme du magistrat se leva de table la première, pour aller entretenir dans un cabinet voisin son directeur, qui arrivait trop tard, et qu'on avait attendu à dîner ; et le directeur, homme éloquent, lui parla dans ce cabinet avec tant de véhémence et d'onction[3] que la dame avait, quand elle revint, les yeux humides, les joues enflammées, la démarche mal assurée, la parole tremblante.

Alors Babouc commença à craindre que le génie Ituriel n'eût raison. Le talent qu'il avait d'attirer la

1. **Maison immense :** allusion à l'hôtel des Invalides, créé par Louis XIV.
2. **Mage :** savant en astrologie chez les Perses.
3. **Onction :** douceur.

confiance le mit dès le jour même dans les secrets de la dame : elle lui confia son goût pour le jeune mage, et l'assura que dans toutes les maisons de Persépolis il trouverait l'équivalent de ce qu'il avait vu dans la sienne. Babouc conclut qu'une telle société ne pouvait subsister ; que la jalousie, la discorde, la vengeance, devaient désoler toutes les maisons ; que les larmes et le sang devaient couler tous les jours ; que certainement les maris tueraient les galants de leurs femmes, ou en seraient tués ; et qu'enfin Ituriel faisait fort bien de détruire tout d'un coup une ville abandonnée à de continuels désastres.

Il était plongé dans ces idées funestes, quand il se présenta à la porte un homme grave, en manteau noir, qui demanda humblement à parler au jeune magistrat. Celui-ci, sans se lever, sans le regarder, lui donna fièrement, et d'un air distrait, quelques papiers, et le congédia. Babouc demanda quel était cet homme. La maîtresse de la maison lui dit tout bas : « C'est un des meilleurs avocats de la ville ; il y a cinquante ans qu'il étudie les lois. Monsieur, qui n'a que vingt-cinq ans, et qui est satrape de loi depuis deux jours, lui donne à faire l'extrait d'un procès qu'il doit juger, qu'il n'a pas encore examiné. — Ce jeune étourdi fait sagement, dit Babouc, de demander conseil à un vieillard ; mais pourquoi n'est-ce pas ce vieillard qui est juge ? — Vous vous moquez, lui dit-on, jamais ceux qui ont vieilli dans les emplois laborieux et subalternes ne parviennent aux dignités. Ce jeune homme a une grande charge, parce que son père est riche et qu'ici le droit de rendre la justice s'achète comme une métairie. — Ô mœurs ! ô malheureuse ville ! s'écria Babouc, voilà le comble du désordre ; sans doute, ceux qui ont ainsi acheté le droit de juger vendent leurs jugements ; je ne vois ici que des abîmes d'iniquité. »

Comme il marquait ainsi sa douleur et sa surprise, un jeune guerrier, qui était revenu ce jour même de l'armée, lui dit : « Pourquoi ne voulez-vous pas qu'on achète les emplois de la robe ? J'ai bien acheté, moi, le droit d'affronter la mort à la tête de deux mille hommes que je commande ; il m'en a coûté quarante mille dariques d'or cette année, pour coucher sur la terre trente nuits de suite en habit rouge, et pour recevoir ensuite deux bons coups de flèche dont je me sens encore. Si je me ruine pour servir l'empereur persan, que je n'ai jamais vu, Monsieur le satrape de robe peut bien payer quelque chose pour avoir le plaisir de donner audience à des plaideurs. » Babouc, indigné, ne put s'empêcher de condamner dans son cœur un pays où l'on mettait à l'encan[1] les dignités de la paix et de la guerre ; il conclut précipitamment que l'on y devait ignorer absolument la guerre et les lois, et que, quand même Ituriel n'exterminerait pas ces peuples, ils périraient par leur détestable administration.

Sa mauvaise opinion augmenta encore à l'arrivée d'un gros homme qui, ayant salué très familièrement toute la compagnie, s'approcha du jeune officier, et lui dit : « Je ne peux vous prêter que cinquante mille dariques d'or, car, en vérité, les douanes de l'empire ne m'en ont rapporté que trois cent mille cette année. » Babouc s'informa quel était cet homme qui se plaignait de gagner si peu ; il apprit qu'il y avait dans Persépolis

1. **Mettre à l'encan :** vendre aux enchères.

quarante rois plébéiens[1] qui tenaient à bail l'empire de Perse, et qui en rendaient quelque chose au monarque.

Après dîner il alla dans un des plus superbes temples de la ville ; il s'assit au milieu d'une troupe de femmes et d'hommes qui étaient venus là pour passer le temps. Un mage parut dans une machine élevée[2], qui parla longtemps du vice et de la vertu. Ce mage divisa en plusieurs parties ce qui n'avait nul besoin d'être divisé ; il prouva méthodiquement tout ce qui était clair, il enseigna tout ce qu'on savait. Il se passionna froidement, et sortit suant et hors d'haleine. Toute l'assemblée alors se réveilla et crut avoir assisté à une instruction. Babouc dit : « Voilà un homme qui a fait de son mieux pour ennuyer deux ou trois cents de ses concitoyens ; mais son intention était bonne, et il n'y a pas là de quoi détruire Persépolis. »

Au sortir de cette assemblée on le mena voir une fête publique qu'on donnait tous les jours de l'année ; c'était dans une espèce de basilique, au fond de laquelle on voyait un palais. Les plus belles citoyennes de Persépolis, les plus considérables satrapes, rangés avec ordre, formaient un spectacle si beau que Babouc crut d'abord que c'était là toute la fête. Deux ou trois personnes, qui paraissaient des rois et des reines, parurent bientôt dans le vestibule de ce palais ; leur langage était très différent de celui du peuple ; il était mesuré[3], harmonieux et sublime. Personne ne dormait, on écoutait dans un profond silence, qui n'était interrompu que par

1. **Rois plébéiens :** allusion aux quarante, puis soixante (à partir de 1760) fermiers généraux, qui achetaient le droit de lever les impôts.
2. **Machine élevée :** allusion à la chaire, du haut de laquelle le prêtre prêchait. Le mot ainsi utilisé appartient au vocabulaire de la scénographie théâtrale.
3. **Mesuré :** rédigé en vers.

les témoignages de la sensibilité et de l'admiration publique. Le devoir des rois, l'amour de la vertu, les dangers des passions, étaient exprimés par des traits si vifs et si touchants que Babouc versa des larmes. Il ne douta pas que ces héros et ces héroïnes, ces rois et ces reines qu'il venait d'entendre, ne fussent les prédicateurs de l'empire ; il se proposa même d'engager Ituriel à les venir entendre, bien sûr qu'un tel spectacle le réconcilierait pour jamais avec la ville.

Dès que cette fête fut finie, il voulut voir la principale reine qui avait débité[1] dans ce beau palais une morale si noble et si pure ; il se fit introduire chez Sa Majesté ; on le mena par un petit escalier, au second étage, dans un appartement mal meublé, où il trouva une femme mal vêtue, qui lui dit d'un air noble et pathétique : « Ce métier-ci ne me donne pas de quoi vivre ; un des princes que vous avez vus m'a fait un enfant ; j'accoucherai bientôt ; je manque d'argent et sans argent on n'accouche point. » Babouc lui donna cent dariques d'or, en disant : « S'il n'y avait que ce mal-là dans la ville, Ituriel aurait tort de se tant fâcher. »

De là il alla passer sa soirée chez des marchands de magnificences inutiles. Un homme intelligent, avec lequel il avait fait connaissance, l'y mena ; il acheta ce qui lui plut, et on le lui vendit avec politesse beaucoup plus qu'il ne valait. Son ami, de retour chez lui, lui fit voir combien on le trompait. Babouc mit sur ses tablettes le nom du marchand, pour le faire distinguer par Ituriel au jour de la punition de la ville. Comme il écrivait, on frappa à la porte : c'était le marchand lui-

1. **Débité** : le terme désignait seulement le fait de raconter ou d'exposer en détail, sans la valeur péjorative actuelle (« mécaniquement »).

même qui venait lui rapporter sa bourse, que Babouc avait laissée par mégarde sur son comptoir. « Comment se peut-il, s'écria Babouc, que vous soyez si fidèle et si généreux, après n'avoir pas eu de honte de me vendre des colifichets quatre fois au-dessus de leur valeur ?

— Il n'y a aucun négociant un peu connu dans cette ville, lui répondit le marchand, qui ne fût venu vous rapporter votre bourse ; mais on vous a trompé quand on vous a dit que je vous avais vendu ce que vous avez pris chez moi quatre fois plus qu'il ne vaut : je vous l'ai vendu dix fois davantage, et cela est si vrai que, si dans un mois vous voulez le revendre, vous n'en aurez pas même ce dixième. Mais rien n'est plus juste ; c'est la fantaisie des hommes qui met le prix à ces choses frivoles ; c'est cette fantaisie qui fait vivre cent ouvriers que j'emploie, c'est elle qui me donne une belle maison, un char commode, des chevaux, c'est elle qui excite l'industrie, qui entretient le goût, la circulation et l'abondance. Je vends aux nations voisines les mêmes bagatelles plus chèrement qu'à vous, et par là je suis utile à l'empire. » Babouc, après avoir un peu rêvé, le raya de ses tablettes.

Babouc, fort incertain sur ce qu'il devait penser de Persépolis, résolut de voir les mages et les lettrés : car les uns étudient la sagesse, et les autres la religion ; et il se flatta que ceux-là obtiendraient grâce pour le reste du peuple. Dès le lendemain matin il se transporta dans un collège de mages. L'archimandrite[1] lui avoua qu'il avait cent mille écus de rente pour avoir fait vœu de

1. **Archimandrite :** supérieur d'un monastère dans l'église orientale.

LA VIE À PERSÉPOLIS

REPÈRES

1. Associez chaque paragraphe à un thème spécifique.
2. Combien de lieux Babouc traverse-t-il ?

OBSERVATION

3. Notez tous les éléments décrivant des lieux. Classez-les en catégories de bâtiments.
4. Ces descriptions sont-elles toujours négatives ?
5. Combien comptez-vous de personnages types ?
6. Relevez tous les termes appartenant au lexique oriental ; remplacez-les par des termes équivalents pour la société française contemporaine de Voltaire.
7. Quand comprend-on que l'« espèce de basilique » est en fait un théâtre ?
8. Quels éléments rapprochent l'église du théâtre ? Qu'est-ce qui les différencie ?
9. Qu'est-ce qui choque le plus Babouc dans l'église ?
10. Repérez tous les endroits où Babouc tente de « faire le point » sur Persépolis. Montrez qu'ils correspondent à des étapes essentielles de l'histoire.
11. Quels traits caractérisent l'atmosphère du salon mondain où Babouc est reçu ?
12. Chez quel personnage le libertinage est-il le plus choquant ?

INTERPRÉTATIONS

13. Pourquoi Voltaire emploie-t-il le mot « temple » pour désigner des lieux fort différents ? À quoi lui sert la naïveté de Babouc en l'occurrence ?

14. À quoi sert la transposition orientale du conte ?
15. Montrez que le jugement de Voltaire sur la société mondaine de Persépolis est très ambigu. Pourquoi cette ambiguïté ? Êtes-vous d'accord avec lui ?
16. Résumez le passage concernant le magistrat. Quelle contradiction Voltaire souligne-t-il dans les institutions de la justice ?
17. En quoi peut-on dire que Voltaire entreprend de défendre et de promouvoir le théâtre ?

DE LA LECTURE À L'ÉCRITURE

18. Aujourd'hui, quels sont les lieux de nos grandes villes qui mériteraient une telle critique ? Choisissez-en un et imaginez une courte scène : que voit Babouc, quelle est sa réaction, que lui arrive-t-il ?

pauvreté, et qu'il exerçait un empire assez étendu en vertu de son vœu d'humilité ; après quoi il laissa Babouc entre les mains d'un petit frère, qui lui fit les honneurs.

Tandis que ce frère lui montrait les magnificences de cette maison de pénitence, un bruit se répandit, qu'il était venu pour réformer toutes ces maisons. Aussitôt il reçut des mémoires de chacune d'elles ; et les mémoires disaient tous en substance : *Conservez-nous, et détruisez toutes les autres.* À entendre leurs apologies, ces sociétés étaient toutes nécessaires. À entendre leurs accusations réciproques, elles méritaient toutes d'être anéanties. Il admirait comme il n'y en avait aucune d'elles qui, pour édifier l'univers, ne voulût en avoir l'empire. Alors il se présenta un petit homme qui était un demi-mage ; et qui lui dit : « Je vois bien que l'œuvre va s'accomplir : car Zerdust[1] est revenu sur la terre ; les petites filles prophétisent, en se faisant donner des coups de pincettes par-devant et le fouet par-derrière. Ainsi nous vous demandons votre protection contre le Grand-Lama. — Comment ! dit Babouc, contre ce pontife-roi qui réside au Tibet ? Contre lui-même. — Vous lui faites donc la guerre, et vous levez contre lui des armées ? — Non, mais il dit que l'homme est libre, et nous n'en croyons rien ; nous écrivons contre lui de petits livres qu'il ne lit pas ; à peine a-t-il entendu parler de nous ; il nous a seulement fait condamner comme un maître ordonne qu'on échenille les arbres de ses jardins. » Babouc frémit de la folie de

1. **Zerdust** : nom persan de Zoroastre, réformateur de l'ancienne religion iranienne ; les pratiques évoquées ensuite constituent des allusions aux jansénistes de l'époque de Voltaire.

ces hommes qui faisaient profession de sagesse, des intrigues de ceux qui avaient renoncé au monde, de l'ambition et de la convoitise orgueilleuse de ceux qui enseignaient l'humilité et le désintéressement ; il conclut qu'Ituriel avait de bonnes raisons pour détruire toute cette engeance.

Retiré chez lui, il envoya chercher des livres nouveaux pour adoucir son chagrin, et il pria quelques lettrés à dîner pour se réjouir. Il en vint deux fois plus qu'il n'en avait demandé, comme les guêpes que le miel attire. Ces parasites se pressaient de manger et de parler ; ils louaient deux sortes de personnes, les morts et eux-mêmes, et jamais leurs contemporains, excepté le maître de la maison. Si quelqu'un d'eux disait un bon mot, les autres baissaient les yeux et se mordaient les lèvres de douleur de ne l'avoir pas dit. Ils avaient moins de dissimulation que les mages, parce qu'ils n'avaient pas de si grands objets d'ambition. Chacun d'eux briguait une place de valet et une réputation de grand homme ; ils se disaient en face des choses insultantes, qu'ils croyaient des traits d'esprit. Ils avaient eu quelque connaissance de la mission de Babouc. L'un d'eux le pria tout bas d'exterminer un auteur qui ne l'avait pas assez loué il y avait cinq ans. Un autre demanda la perte d'un citoyen qui n'avait jamais ri à ses comédies. Un troisième demanda l'extinction de l'Académie, parce qu'il n'avait jamais pu parvenir à y être admis. Le repas fini, chacun d'eux s'en alla seul ; car il n'y avait pas dans toute la troupe deux hommes qui pussent se souffrir, ni même se parler ailleurs que chez les riches qui les invitaient à leur table. Babouc jugea qu'il n'y aurait pas grand mal quand cette vermine périrait dans la destruction générale.

Dès qu'il se fut défait d'eux, il se mit à lire quelques livres nouveaux. Il y reconnut l'esprit de ses convives. Il vit surtout avec indignation ces gazettes de la médisance, ces archives du mauvais goût, que l'envie, la bassesse et la faim ont dictées ; ces lâches satires où l'on ménage le vautour et où l'on déchire la colombe ; ces romans dénués d'imagination, où l'on voit tant de portraits de femmes que l'auteur ne connaît pas.

Il jeta au feu tous ces détestables écrits, et sortit pour aller le soir à la promenade. On le présenta à un vieux lettré qui n'était point venu grossir le nombre de ces parasites. Ce lettré fuyait toujours la foule, connaissait les hommes, en faisait usage, et se communiquait avec discrétion. Babouc lui parla avec douleur de ce qu'il avait lu et de ce qu'il avait vu.

« Vous avez lu des choses bien méprisables, lui dit le sage lettré ; mais dans tous les temps, et dans tous les pays, et dans tous les genres, le mauvais fourmille et le bon est rare. Vous avez reçu chez vous le rebut de la pédanterie, parce que, dans toutes les professions, ce qu'il y a de plus indigne de paraître est toujours ce qui se présente avec le plus d'impudence. Les véritables sages vivent entre eux retirés et tranquilles ; il y a encore parmi nous des hommes et des livres dignes de votre attention. » Dans le temps qu'il parlait ainsi, un autre lettré les joignit ; leurs discours furent si agréables et si instructifs, si élevés au-dessus des préjugés et si conformes à la vertu, que Babouc avoua n'avoir jamais rien entendu de pareil. « Voilà des hommes, disait-il tout bas, à qui l'ange Ituriel n'osera toucher, ou il sera bien impitoyable. »

Raccommodé avec les lettrés, il était toujours en colère contre le reste de la nation. « Vous êtes étranger, lui dit l'homme judicieux qui lui parlait ; les abus se présentent à vos yeux en foule, et le bien, qui est caché et qui résulte quelquefois de ces abus mêmes, vous échappe. » Alors il apprit que parmi les lettrés il y en avait quelques-uns qui n'étaient pas envieux, et que parmi les mages mêmes il y en avait de vertueux. Il conçut à la fin que ces grands corps, qui semblaient en se choquant préparer leurs communes ruines étaient au fond des institutions salutaires ; que chaque société de mages était un frein à ses rivales ; que si ces émules différaient dans quelques opinions, ils enseignaient tous la même morale, qu'ils instruisaient le peuple et qu'ils vivaient soumis aux lois, semblables aux précepteurs qui veillent sur le fils de la maison tandis que le maître veille sur eux-mêmes. Il en pratiqua plusieurs, et vit des âmes célestes. Il apprit même que parmi les fous qui prétendaient faire la guerre au Grand-Lama il y avait eu de très grands hommes. Il soupçonna enfin qu'il pourrait bien en être des mœurs de Persépolis comme des édifices, dont les uns lui avaient paru dignes de pitié, et les autres l'avaient ravi en admiration.

Il dit à son lettré : « Je connais très bien que ces mages que j'avais cru si dangereux sont en effet très utiles, surtout quand un gouvernement sage les empêche de se rendre trop nécessaires ; mais vous m'avouerez au moins que vos jeunes magistrats, qui achètent une charge de juge dès qu'il ont appris à monter à cheval, doivent étaler dans les tribunaux tout ce que l'impertinence a de plus ridicule et tout ce que l'iniquité a de plus pervers ; il vaudrait mieux sans doute donner ces places gratuitement à ces vieux jurisconsultes qui ont passé toute leur vie à peser le pour et le contre. »

LES MAGES ET LES LETTRÉS

REPÈRES

1. Combien de scènes contient ce passage ?
2. Pourquoi Babouc veut-il rencontrer ces nouveaux personnages ?

OBSERVATION

3. Qui est visé derrière les « mages » et le « Grand-Lama » ?
4. Relevez toutes les expressions figurées (comparaisons et métaphores) qui servent à dévaluer les lettrés. Expliquez leur caractère péjoratif.
5. Montrez que c'est bien Voltaire qui s'exprime dans cette critique. Est-ce aussi net dans le paragraphe concernant les mages ? Pourquoi cette différence, à votre avis ?
6. Quel est l'élément qui aggrave le plus le portrait des lettrés ?
7. Dégagez, dans la troisième partie de l'extrait, la morale de la scène.
8. Montrez que le récit est de plus en plus entremêlé de considérations morales. L'intérêt du texte en est-il affaibli selon vous ?

INTERPRÉTATIONS

9. Expliquez la formule : « chacun d'eux briguait une place de valet et une réputation de grand homme ». Cherchez dans la partie « Contextes » des éléments supplémentaires d'explication.

10. Qu'est-ce qui, dans la situation personnelle de Voltaire au moment de la rédaction de ce conte, pourrait expliquer la noirceur de son évocation du monde des lettrés ?
11. Qui représente le « vieux lettré » de la troisième partie du passage ?
12. En quoi ce texte montre-t-il les désillusions de Voltaire?
13. Comment « le bien » peut-il « résulter quelquefois de ces abus mêmes » ? Expliquez la pensée du sage. Donnez un exemple d'aujourd'hui pour l'illustrer.
14. De quoi Babouc fait-il ici l'expérience, de façon plus générale ?

DE LA LECTURE À L'ÉCRITURE

15. Faites rencontrer à Babouc les types de personnes que vous trouvez les plus méprisables, et racontez la scène à la manière de Voltaire : on doit comprendre clairement de quel genre d'individus il s'agit, sans qu'aucune personne précise ne soit visée. Faites lire votre texte à votre classe ; vous choisirez le texte le plus réussi.

Le lettré lui répliqua : « Vous avez vu notre armée avant d'arriver à Persépolis ; vous savez que nos jeunes officiers se battent très bien, quoiqu'ils aient acheté leurs charges ; peut-être verrez-vous que nos jeunes magistrats ne jugent pas mal, quoiqu'ils aient payé pour juger. »

Il le mena le lendemain au grand tribunal, où l'on devait rendre un arrêt important. La cause était connue de tout le monde. Tous ces vieux avocats qui en parlaient étaient flottants dans leurs opinions : ils alléguaient cent lois, dont aucune n'était applicable au fond de la question ; ils regardaient l'affaire par cent côtés, dont aucun n'était dans son vrai jour ; les juges décidèrent plus vite que les avocats ne doutèrent. Leur jugement fut presque unanime ; ils jugèrent bien, parce qu'ils suivaient les lumières de la raison, et les autres avaient opiné mal, parce qu'ils n'avaient consulté que leurs livres.

Babouc conclut qu'il y avait souvent de très bonnes choses dans les abus. Il vit dès le jour même que les richesses des financiers, qui l'avaient tant révolté, pouvaient produire un effet excellent ; car, l'empereur ayant eu besoin d'argent, il trouve en une heure, par leur moyen, ce qu'il n'aurait pas eu en six mois par les voies ordinaires ; il vit que ces gros nuages, enflés de la rosée de la terre, lui rendaient en pluie ce qu'ils en recevaient. D'ailleurs, les enfants de ces hommes nouveaux, souvent mieux élevés que ceux des familles plus anciennes, valaient quelquefois beaucoup mieux ; car rien n'empêche qu'on ne soit un bon juge, un brave guerrier, un homme d'État habile, quand on a eu un père bon calculateur.

Insensiblement Babouc faisait grâce à l'avidité du

financier, qui n'est pas au fond plus avide que les autres hommes et qui est nécessaire. Il excusait la folie de se ruiner pour juger et pour se battre, folie qui produit de grands magistrats et des héros. Il pardonnait à l'envie des lettrés, parmi lesquels il se trouvait des hommes qui éclairaient le monde ; il se réconciliait avec les mages ambitieux et intrigants, chez lesquels il y avait plus de grandes vertus encore que de petits vices ; mais il lui restait bien des griefs, et surtout les galanteries des dames, et les désolations qui en devaient être la suite, le remplissaient d'inquiétude et d'effroi.

Comme il voulait pénétrer dans toutes les conditions humaines, il se fit mener chez un ministre ; mais il tremblait toujours en chemin que quelque femme ne fût assassinée en sa présence par son mari. Arrivé chez l'homme d'État, il resta deux heures dans l'antichambre sans être annoncé, et deux heures encore après l'avoir été. Il se promettait bien, dans cet intervalle, de recommander à l'ange Ituriel et le ministre et ses insolents huissiers. L'antichambre était remplie de dames de tout étage, de mages de toutes couleurs, de juges, de marchands, d'officiers, de pédants ; tous se plaignaient du ministre. L'avare et l'usurier disaient : « Sans doute cet homme-là pille les provinces » ; le capricieux lui reprochait d'être bizarre ; le voluptueux disait : « Il ne songe qu'à ses plaisirs » ; l'intrigant se flattait de le voir bientôt perdu par une cabale ; les femmes espéraient qu'on leur donnerait bientôt un ministre plus jeune.

Babouc entendait leurs discours ; il ne put s'empêcher de dire : « Voilà un homme bien heureux, il a tous ses ennemis dans son antichambre, il écrase de son pouvoir ceux qui l'envient ; il voit à ses pieds ceux qui le détestent. » Il entra enfin : il vit un petit vieillard courbé sous le poids des années et des affaires, mais encore vif et plein d'esprit.

Babouc lui plut et il parut à Babouc un homme estimable. La conversation devint intéressante. Le ministre lui avoua qu'il était un homme très malheureux ; qu'il passait pour riche, et qu'il était pauvre ; qu'on le croyait tout-puissant, et qu'il était toujours contredit ; qu'il n'avait guère obligé que des ingrats, et que, dans un travail continuel de quarante années, il avait eu à peine un moment de consolation. Babouc en fut touché, et pensa que si cet homme avait fait des fautes, et si l'ange Ituriel voulait le punir, il ne fallait pas l'exterminer mais seulement lui laisser sa place.

Tandis qu'il parlait au ministre entre brusquement la belle dame chez qui Babouc avait dîné. On voyait dans ses yeux et sur son front les symptômes de la douleur et de la colère. Elle éclata en reproches contre l'homme d'État ; elle versa des larmes ; elle se plaignit avec amertume de ce qu'on avait refusé à son mari une place où sa naissance lui permettait d'aspirer, et que ses services et ses blessures méritaient ; elle s'exprima avec tant de force, elle mit tant de grâces dans ses plaintes, elle détruisit les objections avec tant d'adresse, elle fit valoir les raisons avec tant d'éloquence, qu'elle ne sortit point de la chambre sans avoir fait la fortune de son mari.

Babouc lui donna la main. « Est-il possible, madame, lui dit-il, que vous vous soyez donné toute cette peine pour un homme que vous n'aimez point, et dont vous avez tout à craindre ? — Un homme que je n'aime point ? s'écria-t-elle. Sachez que mon mari est le meilleur ami que j'aie au monde, qu'il n'y a rien que je ne lui sacrifie, hors mon amant, et qu'il ferait tout pour moi, hors de quitter sa maîtresse. Je veux vous la faire connaître : c'est une femme charmante, pleine d'esprit et du meilleur caractère du monde ; nous soupons ensemble ce soir avec mon mari et mon petit mage : venez partager notre joie. »

La dame mena Babouc chez elle. Le mari, qui était enfin arrivé plongé dans la douleur, revit sa femme avec des transports d'allégresse et de reconnaissance ; il embrassait tour à tour sa femme, sa maîtresse, le petit mage et Babouc. L'union, la gaieté, l'esprit, et les grâces furent l'âme de ce repas. « Apprenez, lui dit la belle dame chez laquelle il soupait, que celles qu'on appelle quelquefois de malhonnêtes femmes ont presque toujours le mérite d'un très honnête homme ; et, pour vous en convaincre, venez demain dîner avec moi chez la belle Téone[1]. Il y a quelques vieilles vestales[2] qui la déchirent ; mais elle fait plus de bien qu'elles toutes ensemble. Elle ne commettrait pas une légère injustice pour le plus grand intérêt ; elle ne donne à son amant que des conseils généreux ; elle n'est occupée que de sa gloire ; il rougirait devant elle s'il avait laissé échapper une occasion de faire du bien ; car rien n'encourage plus aux actions vertueuses que d'avoir pour témoin et pour juge de sa conduite une maîtresse dont on veut mériter l'estime. »

Babouc ne manqua pas au rendez-vous. Il vit une maison où régnaient tous les plaisirs ; Téone régnait sur eux ; elle savait parler à chacun son langage. Son esprit naturel mettait à son aise celui des autres ; elle plaisait

1. **Téone :** Voltaire utilise le nom de Théon, mathématicien et astronome grec du IVe siècle, sans doute pour saluer son amie Mme du Châtelet.
2. **Vestales :** prêtresses de Vesta, qui entretenaient le feu sacré et étaient astreintes à la chasteté.

sans presque le vouloir ; elle était aussi aimable que bienfaisante ; et, ce qui augmentait le prix de toutes ses bonnes qualités, elle était belle.

Babouc, tout Scythe et tout envoyé qu'il était d'un génie, s'aperçut que, s'il restait encore à Persépolis, il oublierait Ituriel pour Téone. Il s'affectionnait à la ville, dont le peuple était poli, doux et bienfaisant, quoique léger, médisant et plein de vanité. Il craignait que Persépolis ne fût condamnée ; il craignait même le compte qu'il allait rendre.

Voici comment il s'y prit pour rendre ce compte. Il fit faire par le meilleur fondeur de la ville une petite statue composée de tous les métaux, des terres et des pierres les plus précieuses et les plus viles ; il la porta à Ituriel : « Casserez-vous, dit-il, cette jolie statue parce que tout n'y est pas or et diamants ? » Ituriel entendit à demi-mot ; il résolut de ne pas même songer à corriger Persépolis, et de laisser aller le monde comme il va. Car, dit-il, si tout n'est pas bien, tout est passable[1]. On laissa donc subsister Persépolis et Babouc fut bien loin de se plaindre, comme Jonas, qui se fâcha de ce qu'on ne détruisait pas Ninive[2]. Mais, quand on a été trois jours dans le corps d'une baleine, on n'est pas de si bonne humeur que quand on a été à l'opéra, à la comédie, et qu'on a soupé en bonne compagnie.

---

1. **Tout est passable :** le texte se termine sur ces mots dans la version de 1751.
2. **Ninive :** ville de l'ancienne Mésopotamie dont la destruction en 612 avant J.-C. marque la fin de l'Empire assyrien. Dans l'Ancien Testament, l'auteur du Livre de Jonas invente que le prophète Jonas (VIIIe siècle avant J.-C.) reçoit l'ordre d'aller prêcher le repentir aux habitants de Ninive mais qu'il s'enfuit, estimant peut-être sa mission inutile ou impossible. Il est alors avalé par un énorme poisson, avant de reprendre sa mission ; les Ninivites se convertissent, ce qui apaise la colère de Yahvé, mais pas celle de Jonas...

LA RÉCONCILIATION

REPÈRES

1. Quels « griefs » Babouc a-t-il encore envers la société de Persépolis ?
2. Sur combien de temps environ se déroule cette dernière partie du conte ?

OBSERVATION

3. Recherchez dans l'ensemble du conte des annonces du symbole de la statue.
4. Confrontez la scène du procès à ce qu'on a déjà appris de la justice. Des avocats et des juges, lesquels sont les plus critiqués par Voltaire ? En quoi la conclusion de Babouc est-elle cette fois plus favorable ?
5. Analysez la démarche argumentative depuis « Babouc conclut » jusqu'à « un père bon calculateur » : quelles sont les articulations logiques du paragraphe ? Repérez une image et expliquez son rôle.
6. Quelle idée préconçue Babouc se fait-il du ministre avant de le rencontrer ?
7. Qu'est-ce que Babouc comprend en écoutant les paroles prononcées dans l'antichambre du ministre ? Formulez autrement sa conclusion.
8. Comment le conteur s'y prend-il pour finalement donner une image plutôt positive des femmes et de la société mondaine ?
9. Que représente Téone dans la société dans laquelle elle vit ?

INTERPRÉTATIONS

10. Quelle image Voltaire semble-t-il se faire des femmes ? Qu'est-ce qu'il apprécie chez elles ?
11. Voltaire pensait-il à des personnes réelles en écrivant son récit ? Recherchez dans la biographie des éléments de réponse.
12. Pourquoi Babouc utilise-t-il une image à la place d'un rapport nuancé ? Pourquoi Ituriel ne cherche-t-il pas à en savoir plus ?
13. Pourquoi Ituriel renonce-t-il même à « corriger » Persépolis ?

DE LA LECTURE À L'ÉCRITURE

14. « La conversation devint intéressante » (ligne 534) : développez le dialogue entre Babouc et le ministre, en situant la scène à notre époque.

La guerre, première « folie » des hommes

La guerre ouvre le conte, car elle est incontournable ; de quelque côté qu'on regarde le monde et l'histoire des hommes, la guerre offre ses spectacles de désolation. Voltaire l'explique, dans l'*Essai sur les mœurs* : « L'histoire des grands événements de ce monde n'est guère que l'histoire des crimes » (1756). On peut énumérer celles que connut Voltaire avant 1748 : guerre de la Succession d'Espagne (1701-1714), guerre franco-espagnole en 1719, guerre de la Succession de la Pologne entre 1733 et 1738, guerre de la Succession d'Autriche (1740-1748), guerre coloniale avec l'Angleterre de 1744 à 1748... Le fait que les conflits se déroulent le plus souvent hors des frontières rend la mission de l'écrivain plus cruciale encore : rappeler à ses lecteurs ce qui ruine leur pays et ce qui décime les campagnes, en soulignant l'absurdité des causes des conflits.

« Si vous voulez savoir pourquoi on se bat, parlez à mon capitaine. »

Car la raison des guerres est toujours la possession d'un coin de terre, sans aucune considération de la justice ni du bien des peuples. Ce sont les « barbares sédentaires » *(Micromégas)* qui commandent les batailles, et des soldats ignorants du pourquoi qui y laissent leur vie. La civilisation « perfectionnée » selon le mot de Chamfort, de l'Ancien Régime, est dénoncée dans ce qu'elle a de plus contraire aux intérêts de la nation, bien compris par le bourgeois Voltaire : les motifs royaux de la guerre sont dépassés, la vénalité des charges de la guerre ôte tout prestige à la gloire militaire et fait régner l'injustice. Si, en 1745, il écrit un poème pour louer la vaillance des soldats qui offrirent à Louis XV la victoire de Fontenoy, le plus souvent il dénonce en la guerre une manœuvre politique inutile ou inefficace, une dépense dommageable à l'État et enfin la manifestation d'une férocité générale.

« Tantôt je ris, tantôt les cheveux me dressent à la tête. »

Le ton de Voltaire évolue selon qu'il met en lumière l'absurdité ou l'horreur de la guerre. En reprenant les deux figures antiques, la première du doute et de la contradiction, la seconde du rire de l'épicurien, il résume lui-même son attitude dans une lettre à son amie Mme du Deffand : « Selon que les objets se présentent à moi, je suis Héraclite ou Démocrite ; tantôt je ris, tantôt les cheveux me dressent à la tête ; et cela est très à sa place, car on a affaire tantôt à des tigres, tantôt à des singes. » (mars 1769)

La réaction de Babouc renvoie à une allégorie très ancienne, celle de la confusion entre la vie et un théâtre, entre le réel et l'illusion : Babouc est trompé par les apparences et croit entendre un sermon lorsqu'il voit les acteurs défendre avec chaleur la vertu.

Le théâtre, école de vie et de sagesse

Bien sûr, il y a là de quoi prouver les vertus du théâtre à ses adversaires, tel Jean-Jacques Rousseau, qui attaquait le théâtre en 1758 dans sa *Lettre à d'Alembert sur les spectacles*. La question pour Voltaire est d'importance, lui qui aimait tant monter des représentations théâtrales et jouer la comédie ; il est peut-être d'ailleurs à l'origine du texte de Rousseau : en effet ce dernier entendait répondre à l'article *Genève* paru en novembre 1757 dans *l'Encyclopédie*, dans lequel d'Alembert avait inséré, entre deux passages élogieux sur la politique et la tolérance religieuse genevoises, un appel à faire cesser l'interdiction de monter sur le territoire aucune représentation théâtrale ; or en 1756, d'Alembert séjourne aux Délices, chez Voltaire : ne lui a-t-il pas alors fait partager son indignation d'avoir dû renoncer à son théâtre particulier en 1755 ?

L'église, un mauvais théâtre ?

Mais il y a plus, qui nous entraîne vers la satire cette fois : car Babouc confond le théâtre avec une « basilique », assimilant ainsi la messe à laquelle il a assisté juste avant à une représentation théâtrale : tout ce que le « temple » des prêtres perd en foi et en vertu, le théâtre-basilique le récupère. Quant à l'efficacité, l'émotion de Babouc a valeur de preuve : d'un côté, un « mage » qui « se passionna froidement », de l'autre une « reine » qui exprime « une morale si noble et si pure » « par des traits si vifs et si touchants que

Babouc versa des larmes ». L'opposition est systématique, et dévalue le discours religieux sur tous les plans : l'orateur qu'est le mage ne sait utiliser qu'un discours abstrait qui endort l'assemblée. « Il se passionna froidement » est le signe sans réplique de l'absence totale de génie… À l'inverse, le langage poétique et sublime des acteurs de la tragédie élève l'âme des spectateurs, provoque émotion et admiration.

Une allégorie des apparences trompeuses

Mais si l'on revient à l'allégorie initiale, on comprend que ce passage tend à figurer toute l'expérience de Babouc à Persépolis : les apparences sont trompeuses, il lui faut acclimater sa vision pour pénétrer la vérité des choses ; les maux apparents qui le choquent d'abord renferment des biens cachés. De la même façon, en rencontrant le ministre, Babouc voit l'envers des choses, et découvre que la tromperie est plus dans l'antichambre que dans le bureau du ministre.

La transposition orientale, un outil critique efficace

Il n'est jamais autant paru de romans orientaux qu'entre 1740 et 1750 ; c'est un jeu où la fantaisie n'a pas de bornes. Voltaire l'utilise à des fins rationalistes, aussi étrange gageure que ce projet puisse paraître ! Aux contes « qui sont sans raison et qui ne signifient rien » que le sage Ouloug, dans *Zadig,* reproche aux sultanes de préférer au sien, le conteur du *Monde comme il va* substitue, sous un très léger voile de fantaisie orientale, un propos on ne peut plus raisonnable : l'univers tel qu'il est n'est pas plus mauvais qu'un autre, il serait absurde et injuste de le vouloir détruire.
C'est dans cette « erreur » initiale de Babouc et d'Ituriel que réside peut-être l'explication du sous-titre : il s'agit d'une « vision », c'est-à-dire le plus souvent chez Voltaire, une illusion, un mensonge, à l'image des fables anciennes. On trouve la même critique dans *Le Crocheteur borgne* et dans *Le Songe de Platon*. L'Orient est un outil de relativisation religieux et historique : de manière générale, depuis 1650 environ, les débats suscités par les questions orientales concourent à réfuter la prééminence de l'Occident et à revoir les chronologies bibliques de l'origine du monde.

L'Orient et le merveilleux

Zadig, en 1747, démasquait les superstitions, dissipait les mystères ; de même Babouc découvre le bien sous le mal apparent. Mais dans les deux contes, la fable n'est démystifiée que très progressivement, le conteur jouissant le plus longtemps possible des ressources de l'univers qu'il a inventé. Reste que *Le monde comme il va* est beaucoup plus sobre sur le plan de la fiction orientale que les récits qui prennent la suite des *Mille et Une Nuits,* traduits par Galland en 1704. Dans ces contes, la plus pure fantaisie est

de mise, en accord avec l'image que l'on se fait alors de l'Orient : jardin des délices, pays des merveilles… L'Orient a ainsi nourri deux veines littéraires : celle de la sensualité et de l'érotisme d'une part, celle de la réflexion morale, satirique, ou encore philosophique avec Voltaire d'autre part.
Dans *Le monde comme il va*, l'univers prédominant n'est pas celui de l'Orient mais celui d'une ville très réelle et très occidentale dans ses mœurs et son architecture ; la force du conte est de renverser l'opposition attendue, entre une civilisation mauvaise et un Orient idéal, pour nous montrer les enchantements de la civilisation du XVIIIe siècle. Babouc découvre, en la personne de la belle Téone, tout ce que le monde réel a de merveilleux.

Micromégas, *gravure de Vidal.*
Paris, Bibliothèque nationale.

MICROMÉGAS

CHAPITRE I

Voyage d'un habitant du monde de l'étoile Sirius[1] dans la planète Saturne[2]

Dans une de ces planètes qui tournent autour de l'étoile nommée Sirius, il y avait un jeune homme de beaucoup d'esprit, que j'ai eu l'honneur de connaître dans le dernier voyage qu'il fit sur notre petite fourmilière ; il s'appelait Micromégas, nom qui convient fort à tous les grands. Il avait huit lieues[3] de haut : j'entends, par huit lieues, vingt-quatre mille pas géométriques de cinq pieds chacun.

Quelques algébristes, gens toujours utiles au public, prendront sur-le-champ la plume, et trouveront que, puisque monsieur Micromégas, habitant du pays de Sirius, a de la tête aux pieds vingt-quatre mille pas, qui font cent vingt mille pieds de roi, et que nous autres, citoyens de la terre, nous n'avons guère que cinq pieds, et que notre globe a neuf mille lieues de tour ; ils trouveront, dis-je, qu'il faut absolument que le globe qui

1. **Sirius** : étoile de la constellation du Grand Chien ; la plus brillante du ciel.
2. **Saturne** : après Jupiter, Saturne est la plus grosse planète de notre système solaire ; Huyghens effectua des recherches sur la nature de son anneau plat.
3. **Lieue** : unité de mesure variable selon les provinces, la plus commune étant de 4,445 km ; pas géométrique : le « pas » désigne la longueur d'une enjambée ; l'adjectif signifie ici « exact », « régulier » ; le pied mesure douze pouces, soit 32,4 cm (*de roi* signifie qu'il était étalonné par ordonnance royale).

l'a produit ait au juste vingt et un millions six cent mille fois plus de circonférence que notre petite terre. Rien n'est plus simple et plus ordinaire dans la nature. Les états de quelques souverains d'Allemagne ou d'Italie, dont on peut faire le tour en une demi-heure, comparés à l'empire de Turquie, de Moscovie[1] ou de la Chine, ne sont qu'une très faible image des prodigieuses différences que la nature a mises dans tous les êtres.

La taille de Son Excellence étant de la hauteur que j'ai dite, tous nos sculpteurs et tous nos peintres conviendront sans peine que sa ceinture peut avoir cinquante mille pieds de roi de tour ; ce qui fait une très jolie proportion.

Quant à son esprit, c'est un des plus cultivés que nous ayons ; il sait beaucoup de choses, il en a inventé quelques-unes ; il n'avait pas encore deux cent cinquante ans, et étudiait, selon la coutume, au collège des jésuites[2] de sa planète, lorsqu'il devina, par la force de son esprit, plus de cinquante propositions d'Euclide. C'est dix-huit de plus que Blaise Pascal[3] lequel, après en avoir deviné trente-deux en se jouant, à ce que dit sa sœur, devint depuis un géomètre assez médiocre et un fort mauvais métaphysicien. Vers les quatre cent cinquante ans, au sortir de l'enfance, il disséqua beaucoup de ces petits insectes qui n'ont pas cent pieds de

1. **Moscovie :** région historique de la Russie, où s'est développée la grande principauté de Moscou ; on parle de Moscovie jusqu'à la fondation de l'Empire russe en 1721.
2. **Jésuites :** l'enseignement est, jusqu'en 1761, l'objet d'un quasi-monopole pour l'ordre des jésuites.
3. **Blaise Pascal** (1623-1662) : Voltaire a essayé, à plusieurs reprises dans son œuvre, de réfuter la philosophie pascalienne, et d'amoindrir son prestige.

diamètre, et qui se dérobent aux microscopes ordinaires ; il en composa un livre fort curieux, mais qui lui fit quelques affaires. Le muphti[1] de son pays, grand vétillard[2] et fort ignorant, trouva dans son livre des propositions suspectes, malsonnantes, téméraires, hérétiques, sentant l'hérésie, et le poursuivit vivement : il s'agissait de savoir si la forme substantielle[3] des puces de Sirius était de même nature que celle des colimaçons. Micromégas se défendit avec esprit ; il mit les femmes de son côté ; le procès dura deux cent vingt ans. Enfin le muphti fit condamner le livre par des jurisconsultes qui ne l'avaient pas lu, et l'auteur eut ordre de ne paraître à la cour de huit cents années.

Il ne fut que médiocrement affligé d'être banni d'une cour qui n'était remplie que de tracasseries et de petitesses. Il fit une chanson fort plaisante contre le muphti, dont celui-ci ne s'embarrassa guère ; et il se mit à voyager de planète en planète, pour achever de se former *l'esprit et le cœur*[4], comme l'on dit. Ceux qui ne voyagent qu'en chaise de poste ou en berline seront sans doute étonnés des équipages de là-haut : car nous autres, sur notre petit tas de boue, nous ne concevons

---

1. **Muphti (ou mufti)** : interprète officiel de la loi musulmane. L'allusion vise Jean-François Boyer, moine théatin protégé par le cardinal de Fleury qui fut chargé en tant que ministre, des questions ecclésiastiques en 1743 ; il s'opposa à Voltaire de nombreuses fois, en particulier lors de la publication des *Lettres philosophiques* en 1734.
2. **Vétillard** : (vieilli) « vétilleux », c'est-à-dire qui cherche le moindre prétexte (des « vétilles ») pour réfuter son adversaire.
3. **Forme substantielle** : ce terme de la philosophie scolastique fait allusion à la querelle soulevée par la treizième des *Lettres philosophiques*, où Voltaire affirme que les facultés de l'âme ne se développent pas d'une manière différente que les organes.
4. **L'esprit et le cœur** : reprise du titre d'un ouvrage de Rollin, *De la manière d'enseigner les belles-lettres par rapport à l'esprit et au cœur* (1726-1728).

rien au-delà de nos usages. Notre voyageur connaissait merveilleusement les lois de la gravitation, et toutes les forces attractives et répulsives. Il s'en servait si à propos que, tantôt à l'aide d'un rayon du soleil, tantôt par la commodité d'une comète, il allait de globe en globe, lui et les siens, comme un oiseau voltige de branche en branche. Il parcourut la Voie lactée en peu de temps ; et je suis obligé d'avouer qu'il ne vit jamais, à travers les étoiles dont elle est semée, ce beau ciel empyrée[1] que l'illustre vicaire Derham[2] se vante d'avoir vu au bout de sa lunette. Ce n'est pas que je prétende que M. Derham ait mal vu, à Dieu ne plaise ! mais Micromégas était sur les lieux, c'est un bon observateur et je ne veux contredire personne. Micromégas, après avoir bien tourné, arriva dans le globe de Saturne. Quelque accoutumé qu'il fût à voir des choses nouvelles, il ne put d'abord, en voyant la petitesse du globe et de ses habitants, se défendre de ce sourire de supériorité qui échappe quelquefois aux plus sages. Car enfin Saturne n'est guère que neuf cents fois plus gros que la terre, et les citoyens de ce pays-là sont des nains qui n'ont que mille toises[3] de haut ou environ. Il s'en moqua un peu d'abord avec ses gens, à peu près comme un musicien italien se met à rire de la musique de Lulli[4] quand il vient en France. Mais, comme le Sirien avait un bon esprit, il comprit bien vite qu'un être pensant peut fort

1. **Empyrée :** partie la plus élevée du ciel dans l'Antiquité.
2. **Derham :** savant anglais mort en 1735, auteur de la *Théologie astronomique*, 1726.
3. **Toise :** unité de longueur mesurant 1,949 mètre.
4. **Lulli :** musicien français d'origine italienne (1632-1687) qui, avec Rameau, symbolisait la musique française, par opposition à l'italienne dans la querelle des « bouffons ».

bien n'être pas ridicule pour n'avoir que six mille pieds de haut. Il se familiarisa avec les Saturniens, après les avoir étonnés. Il lia une étroite amitié, avec le secrétaire de l'Académie[1] de Saturne, homme de beaucoup d'esprit, qui n'avait à la vérité rien inventé, mais qui rendait un fort bon compte des inventions des autres, et qui faisait passablement de petits vers et de grands calculs. Je rapporterai ici, pour la satisfaction des lecteurs, une conversation singulière que Micromégas eut un jour avec monsieur le secrétaire.

1. **Secrétaire de l'Académie** : allusion à Fontenelle, secrétaire de l'Académie des sciences.

REPÈRES

1. De quoi s'agit-il ?
2. Identifiez les noms propres.
3. Soulignez les phrases qui n'appartiennent pas au récit.

OBSERVATION

4. Relevez les interventions du conteur.
5. Repérez les verbes au présent et expliquez l'emploi de ce temps.
6. Relevez un verbe au subjonctif ; justifiez l'emploi du mode et expliquez sa formation.
7. À quoi comprend-on que Voltaire glisse des allusions à l'intention des lecteurs de son temps ?

INTERPRÉTATIONS

8. Pourquoi Voltaire fait-il une si large place aux mesures, en particulier au début du conte ?
9. La comparaison est-elle au profit de l'un des trois mondes (Saturne, Sirius, la Terre) ? Expliquez votre réponse.
10. Le portrait de Micromégas est-il entièrement positif ?

DE LA LECTURE À L'ÉCRITURE

11. Sur le modèle du portrait du « muphti », faites la satire d'une personne d'autorité d'aujourd'hui, en prenant les mêmes précautions que Voltaire !

CHAPITRE II

Conversation de l'habitant de Sirius avec celui de Saturne

Après que Son Excellence se fut couchée, et que le secrétaire se fut approché de son visage : « Il faut avouer, dit Micromégas, que la nature est bien variée. — Oui, dit le Saturnien, la nature est comme un parterre dont les fleurs... — Ah ! dit l'autre, laissez là votre parterre. — Elle est, reprit le secrétaire, comme une assemblée de blondes et de brunes, dont les parures... — Et qu'ai-je à faire de vos brunes ? dit l'autre. — Elle est donc comme une galerie de peintures dont les traits... — Eh non ! dit le voyageur, encore une fois, la nature est comme la nature. Pourquoi lui chercher des comparaisons ? — Pour vous plaire, répondit le secrétaire. — Je ne veux point qu'on me plaise, répondit le voyageur, je veux qu'on m'instruise ; commencez d'abord par me dire combien les hommes de votre globe ont de sens[1]. — Nous en avons soixante et douze, dit l'académicien ; et nous nous plaignons tous les jours du peu. Notre imagination va au-delà de nos besoins ; nous trouvons qu'avec nos soixante et douze sens, notre anneau, nos cinq lunes[2], nous sommes trop

1. **Sens** : la question agite les esprits de l'époque ; Fontenelle évoque un sixième sens possible dans le troisième des *Entretiens sur la pluralité des mondes*.

2. **Lunes** : nous savons aujourd'hui que Saturne a 18 satellites. La question avait été étudiée par les Cassini père et fils (1705 et 1715), et Herschel découvrira en 1789 les sixième et septième satellites.

bornés ; et, malgré toute notre curiosité et le nombre assez grand de passions qui résultent de nos soixante et douze sens, nous avons tout le temps de nous ennuyer. — Je le crois bien, dit Micromégas ; car dans notre globe nous avons près de mille sens, et il nous reste encore je ne sais quel désir vague, je ne sais quelle inquiétude[1], qui nous avertit sans cesse que nous sommes peu de chose, et qu'il y a des êtres beaucoup plus parfaits. J'ai un peu voyagé ; j'ai vu des mortels fort au-dessous de nous ; j'en ai vu de fort supérieurs ; mais je n'en ai vu aucuns qui n'aient plus de désirs que de vrais besoins, et plus de besoins que de satisfaction. J'arriverai peut-être un jour au pays où il ne manque rien ; mais jusqu'à présent personne ne m'a donné de nouvelles positives de ce pays-là. » Le Saturnien et le Sirien s'épuisèrent alors en conjectures ; mais, après beaucoup de raisonnements, fort ingénieux et fort incertains, il en fallut revenir aux faits. « Combien de temps vivez-vous ? dit le Sirien. — Ah ! bien peu, répliqua le petit homme de Saturne. — C'est tout comme chez nous, dit le Sirien ; nous nous plaignons toujours du peu. Il faut que ce soit une loi universelle de la nature. — Hélas ! nous ne vivons, dit le Saturnien, que cinq cents grandes révolutions du soleil. (Cela revient à quinze mille ans ou environ, à compter à notre manière.) Vous voyez bien que c'est mourir presque au moment que l'on est né ; notre existence est un point, notre durée un instant, notre globe un atome. À peine a-t-on commencé à s'instruire un peu que la mort arrive avant qu'on ait de l'expérience. Pour moi, je

1. **Inquiétude :** le terme est à l'époque une traduction de l'*uneasiness* anglais que Locke met au centre de sa réflexion morale.

n'ose faire aucuns projets ; je me trouve comme une goutte d'eau dans un océan immense. Je suis honteux, surtout devant vous, de la figure ridicule que je fais dans ce monde. »

Micromégas lui repartit : « Si vous n'étiez pas philosophe, je craindrais de vous affliger en vous apprenant que notre vie est sept cents fois plus longue que la vôtre ; mais vous savez trop bien que quand il faut rendre son corps aux éléments et ranimer la nature sous une autre forme, ce qui s'appelle mourir ; quand ce moment de métamorphose est venu, avoir vécu une éternité, ou avoir vécu un jour, c'est précisément la même chose. J'ai été dans des pays où l'on vit mille fois plus longtemps que chez moi, et j'ai trouvé qu'on y murmurait encore. Mais il y a partout des gens de bon sens qui savent prendre leur parti et remercier l'auteur de la nature. Il a répandu sur cet univers une profusion de variétés, avec une espèce d'uniformité admirable. Par exemple, tous les êtres pensants sont différents, et tous se ressemblent au fond par le don de la pensée et des désirs. La matière est partout étendue ; mais elle a dans chaque globe des propriétés diverses. Combien comptez-vous de ces propriétés diverses dans votre matière ? — Si vous parlez de ces propriétés, dit le Saturnien, sans lesquelles nous croyons que ce globe ne pourrait subsister tel qu'il est, nous en comptons trois cents, comme l'étendue, l'impénétrabilité, la mobilité, la gravitation, la divisibilité, et le reste. — Apparemment, répliqua le voyageur, que ce petit nombre suffit aux vues que le Créateur avait sur votre petite habitation. J'admire en tout sa sagesse ; je vois partout des différences, mais aussi partout des proportions. Votre globe est petit, vos habitants le sont aussi ; vous avez peu de sensations ; votre matière a peu de propriétés ; tout cela est l'ouvrage de la Providence. De quelle couleur est votre soleil, bien examiné ? — D'un blanc fort jaunâtre, dit le Saturnien ; et quand nous divisons un de ses rayons, nous trouvons qu'il contient sept couleurs[1]. — Notre soleil tire sur le rouge[2], dit le Sirien, et nous avons trente-neuf couleurs primitives. Il n'y a pas un soleil, parmi tous ceux dont j'ai approché, qui se ressemble, comme chez vous il n'y a pas un visage qui ne soit différent de tous les autres. »

Après plusieurs questions de cette nature, il s'informa combien de substances essentiellement différentes on comptait dans Saturne. Il apprit qu'on n'en comptait qu'une trentaine, comme Dieu, l'espace, la matière, les êtres étendus qui sentent, les êtres étendus qui sentent et qui pensent, les êtres pensants qui n'ont point d'étendue, ceux qui se pénètrent, ceux qui ne se pénètrent pas, et le reste. Le Sirien, chez qui on en comptait trois cents, et qui en avait découvert trois mille autres dans ses voyages, étonna prodigieusement le philosophe de Saturne. Enfin, après s'être communiqué l'un à l'autre un peu de ce qu'ils savaient et beaucoup de ce qu'ils ne savaient pas, après avoir raisonné pendant une révolution du soleil, ils résolurent de faire ensemble un petit voyage philosophique.

1. **Couleurs :** ce sont les sept couleurs du prisme découvertes par Newton (qui compte sept couleurs chromatiques, dont l'indigo, couleur « inventée ») ; on les réduisit ensuite à trois (rouge, vert et violet).

2. **Rouge :** les Anciens pensait que Sirius était de couleur rouge ; son éclat est blanc aujourd'hui.

« LA VIE EST TROP COURTE ! »

REPÈRES

1. De quoi ce texte est-il en majorité constitué ?
2. Lequel des deux personnages pose le plus de questions ?
3. Combien de thèmes abordent-ils au cours de leur conversation ?

OBSERVATION

4. Que sait-on de plus à propos de Micromégas par rapport au premier chapitre ?
5. Le nom de Dieu est-il prononcé ? Quelles périphrases désignent un être supérieur ? Commentez-les.
6. Qu'est-ce que Micromégas reproche au secrétaire au début du chapitre ? Pourquoi ?
7. À quoi reconnaît-on un « philosophe » d'après ce passage ? Dressez la liste de ses caractéristiques.
8. Quels aspects de la vie humaine les deux personnages soulignent-ils ?
9. Comment Voltaire, par l'intermédiaire de Micromégas, affirme-t-il l'universalité de la condition humaine ?
10. Voltaire s'amuse d'un vocabulaire savant qui frise parfois le ridicule… Trouvez-en quelques exemples, et commentez celui de votre choix.

INTERPRÉTATIONS

11. Pourquoi le nombre de « sens » est-il aussi important ?
12. Expliquez la formule de Micromégas : « je n'en ai vu aucuns qui n'aient plus de désirs que de vrais besoins, et plus de besoins que de satisfaction » (l. 31-32).
13. La Terre est-elle concernée par ce débat ?

14. « [...] il y a partout des gens de bon sens qui savent prendre leur parti et remercier l'auteur de la nature. » (l. 65-67) Quelle morale Micromégas exprime-t-il ici ?
15. Les réflexions des personnages vous paraissent-elles optimistes ou pessimistes ?

DE LA LECTURE À L'ÉCRITURE

16. Quels problèmes feriez-vous débattre par des voyageurs extra-terrestres d'aujourd'hui ? Rédigez un court dialogue sur l'un de ces thèmes.
17. Micromégas rêve de découvrir un jour le « pays où il ne manque rien » (l. 33-34). Que veut-il dire ? Quelles couleurs revêt pour vous ce rêve ?

Chapitre III

Voyage des deux habitants de Sirius et de Saturne

Nos deux philosophes étaient prêts à s'embarquer dans l'atmosphère de Saturne, avec une fort jolie provision d'instruments mathématiques, lorsque la maîtresse du Saturnien, qui en eut des nouvelles, vint en larmes faire ses remontrances. C'était une jolie petite brune qui n'avait que six cent soixante toises, mais qui réparait par bien des agréments la petitesse de sa taille. « Ah ! cruel ! s'écria-t-elle, après t'avoir résisté quinze cents ans, lorsque enfin je commençais à me rendre, quand j'ai à peine passé deux cents ans entre tes bras, tu me quittes pour aller voyager avec un géant d'un autre monde ; va, tu n'es qu'un curieux, tu n'as jamais eu d'amour ; si tu étais un vrai Saturnien, tu serais fidèle. Où vas-tu courir ? Que veux-tu ? Nos cinq lunes sont moins errantes que toi, notre anneau est moins changeant. Voilà qui est fait, je n'aimerai jamais plus personne. » Le philosophe l'embrassa, pleura avec elle, tout philosophe qu'il était, et la dame, après s'être pâmée, alla se consoler avec un petit-maître du pays.

Cependant nos deux curieux partirent ; ils sautèrent d'abord sur l'anneau, qu'ils trouvèrent assez plat, comme l'a fort bien deviné un illustre habitant de notre petit globe[1] ; de là ils allèrent aisément de lune en lune.

1. **Illustre habitant de notre petit globe :** allusion aux observations de Huygens (1629-1695) dans son *Système saturnien.*

Une comète passait tout auprès de la dernière ; ils s'élancèrent sur elle avec leurs domestiques et leurs instruments. Quand ils eurent fait environ cent cinquante millions de lieues, ils rencontrèrent les satellites de Jupiter. Ils passèrent dans Jupiter même, et y restèrent une année, pendant laquelle ils apprirent de fort beaux secrets qui seraient actuellement sous presse sans messieurs les inquisiteurs, qui ont trouvé quelques propositions un peu dures. Mais j'en ai lu le manuscrit dans la bibliothèque de l'illustre archevêque de ..., qui m'a laissé voir ses livres avec cette générosité et cette bonté qu'on ne saurait assez louer.

Mais revenons à nos voyageurs. En sortant de Jupiter, ils traversèrent un espace d'environ cent millions de lieues, et ils côtoyèrent la planète de Mars, qui, comme on sait, est cinq fois plus petite que notre petit globe ; ils virent deux lunes qui servent à cette planète, et qui ont échappé aux regards de nos astronomes. Je sais bien que le père Castel[1] écrira, et même assez plaisamment, contre l'existence de ces deux lunes ; mais je m'en rapporte à ceux qui raisonnent par analogie. Ces bons philosophes-là savent combien il serait difficile que Mars, qui est si loin du soleil, se passât à[2] moins de deux lunes. Quoi qu'il en soit, nos gens trouvèrent cela si petit qu'ils craignirent de n'y pas trouver de quoi coucher, et ils passèrent leur chemin, comme deux voyageurs qui dédaignent un mauvais cabaret de village et poussent jusqu'à la ville voisine. Mais le Sirien

1. **Père Castel :** son clavecin oculaire et ses travaux sur les correspondances entre les sons et les couleurs intéressèrent vivement Diderot et Voltaire ; mais ici, c'est surtout comme collaborateur de Fréron pour le *Journal de Trévoux* qu'il est mentionné.
2. **Se passât à :** « se contenta de passer ».

et son compagnon se repentirent bientôt. Ils allèrent longtemps, et ne trouvèrent rien. Enfin ils aperçurent une petite lueur ; c'était la terre : cela fit pitié à des gens qui venaient de Jupiter. Cependant, de peur de se repentir une seconde fois, ils résolurent de débarquer. Ils passèrent sur la queue de la comète et, trouvant une aurore boréale toute prête, ils se mirent dedans, et arrivèrent à terre sur le bord septentrional de la mer Baltique, le cinq juillet mil sept cent trente-sept[1], nouveau style[2].

1. **Cinq juillet 1737** : date du naufrage, au retour de Laponie, de la mission Maupertuis, dans le golfe de Botnie.
2. **Nouveau style** : c'est-à-dire selon le calendrier réformé par le pape Grégoire XIII en 1582, mais pas encore appliqué ni en Angleterre ni dans les pays slaves.

REPÈRES

1. Donnez un titre à chacun des paragraphes.

OBSERVATION

2. Quel langage particulier la maîtresse du Saturnien emploie-t-elle ?
3. Quel effet produisent les précisions temporelles dans son discours ? Justifiez votre réponse.
4. Quel moyen de transport les deux voyageurs utilisent-ils ? Cherchez le sens et l'origine de ce mot.
5. Relevez une allusion à la liberté d'expression.
6. Quelle méthode de raisonnement scientifique Voltaire défend-il pour l'astronomie ?
7. Commentez les expressions « un mauvais cabaret de village » appliquée à Mars et « une petite lueur » pour la Terre. Laquelle des deux est à prendre au sens figuré ? Quelle est la plus dévalorisante ? Dégagez leurs connotations.

INTERPRÉTATIONS

8. Jupiter, Mars, la Terre : quel effet produit cette mise en perspective ?
9. Commentez la tournure « nos deux philosophes », et caractérisez le ton du conteur.

DE LA LECTURE À L'ÉCRITURE

10. Que trouvent-ils sur Jupiter ? Laissez aller votre imagination… ou vos connaissances !

CHAPITRE IV

Ce qui leur arrive sur le globe de la Terre

Après s'être reposés quelque temps, ils mangèrent à leur déjeuner deux montagnes que leurs gens leur apprêtèrent assez proprement. Ensuite ils voulurent reconnaître le petit pays où ils étaient. Ils allèrent d'abord du nord au sud. Les pas ordinaires du Sirien et de ses gens étaient d'environ trente mille pieds de roi ; le nain de Saturne suivait de loin en haletant ; or il fallait qu'il fît environ douze pas, quand l'autre faisait une enjambée : figurez-vous (s'il est permis de faire de telles comparaisons) un très petit chien de manchon[1] qui suivrait un capitaine des gardes du roi de Prusse.

Comme ces étrangers-là vont assez vite, ils eurent fait le tour du globe en trente-six heures ; le soleil, à la vérité, ou plutôt la terre, fait un pareil voyage en une journée ; mais il faut songer qu'on va bien plus à son aise quand on tourne sur son axe que quand on marche sur ses pieds. Les voilà donc revenus d'où ils étaient partis, après avoir vu cette mare, presque imperceptible pour eux, qu'on nomme *la Méditerranée*, et cet autre petit étang, qui, sous le nom du *grand Océan*, entoure la taupinière. Le nain n'en avait eu jamais qu'à mi-jambe, et à peine l'autre avait-il mouillé son talon. Ils firent tout ce qu'ils purent en allant et en revenant dessus et dessous pour tâcher d'apercevoir si ce globe était

1. **Manchon** : chien de petite espèce qui peut tenir dans un manchon ; les gardes du roi de Prusse étaient d'une stature légendaire.

habité ou non. Ils se baissèrent, ils se couchèrent, ils tâtèrent partout ; mais, leurs yeux et leurs mains n'étant point proportionnés aux petits êtres qui rampent ici, ils ne reçurent pas la moindre sensation qui pût leur faire soupçonner que nous et nos confrères les autres habitants de ce globe avons l'honneur d'exister.

Le nain, qui jugeait quelquefois un peu trop vite, décida d'abord qu'il n'y avait personne sur la terre. Sa première raison était qu'il n'avait vu personne. Micromégas lui fit sentir poliment que c'était raisonner assez mal : « Car, disait-il, vous ne voyez pas avec vos petits yeux certaines étoiles de la cinquantième grandeur que j'aperçois très distinctement ; concluez-vous de là que ces étoiles n'existent pas ? — Mais, dit le nain, j'ai bien tâté. — Mais, répondit l'autre, vous avez mal senti. — Mais, dit le nain, ce globe-ci est si mal construit, cela est si irrégulier et d'une forme qui me paraît si ridicule ! tout semble être ici dans le chaos : voyez-vous ces petits ruisseaux dont aucun ne va de droit fil[1], ces étangs qui ne sont ni ronds, ni carrés, ni ovales, ni sous aucune forme régulière ; tous ces petits grains pointus dont ce globe est hérissé, et qui m'ont écorché les pieds ? (Il voulait parler des montagnes.) Remarquez-vous encore la forme de tout le globe, comme il est plat aux pôles[2], comme il tourne autour du soleil d'une manière gauche, de façon que les climats des pôles sont nécessairement incultes ? En vérité, ce qui fait que je pense qu'il n'y a ici personne, c'est qu'il me paraît que

1. **De droit fil :** aller droit (littéralement, couper une toile entre deux fils).
2. **Pôles :** allusion à l'objectif de la mission Maupertuis, partie vérifier les calculs de Newton et de Huygens sur la conformation et le climat des pôles.

des gens de bon sens ne voudraient pas y demeurer. — Eh bien ! dit Micromégas, ce ne sont peut-être pas non plus des gens de bon sens qui l'habitent. Mais enfin il y a quelque apparence que ceci n'est pas fait pour rien[1]. Tout vous paraît irrégulier ici, dites-vous, parce que tout est tiré au cordeau dans Saturne et dans Jupiter. Eh ! c'est peut-être par cette raison-là même qu'il y a ici un peu de confusion. Ne vous ai-je pas dit que dans mes voyages j'avais toujours remarqué de la variété ? » Le Saturnien répliqua à toutes ces raisons. La dispute n'eût jamais fini, si par bonheur Micromégas, en s'échauffant à parler, n'eût cassé le fil de son collier de diamants. Les diamants tombèrent : c'étaient de jolis petits carats[2] assez inégaux, dont les plus gros pesaient quatre cents livres, et les plus petits cinquante. Le nain en ramassa quelques-uns ; il s'aperçut, en les approchant de ses yeux, que ces diamants, de la façon dont ils étaient taillés, étaient d'excellents microscopes. Il prit donc un petit microscope de cent soixante pieds de diamètre, qu'il appliqua à sa prunelle ; et Micromégas en choisit un de deux mille cinq cents pieds. Ils étaient excellents ; mais d'abord on ne vit rien par leur secours : il fallait s'ajuster[3]. Enfin l'habitant de Saturne vit quelque chose d'imperceptible qui remuait entre deux eaux dans la mer Baltique : c'était une baleine. Il la prit avec le petit doigt fort adroitement, et, la mettant sur l'ongle de son pouce, il la fit voir au Sirien, qui se mit à rire pour la seconde fois de l'excès de

1. **Ceci n'est pas fait pour rien** : allusion aux finalités de la création. Voltaire croyait à une Providence générale, mais refusait la Providence universelle et particulière de Leibniz (voir *Candide*).
2. **Carat** : ici, petit diamant.
3. **S'ajuster** : mettre au point.

petitesse dont étaient les habitants de notre globe. Le Saturnien, convaincu que notre monde est habité, s'imagina bien vite qu'il ne l'était que par des baleines ; et comme il était grand raisonneur, il voulait deviner d'où un si petit atome tirait son mouvement, s'il avait des idées, une volonté, une liberté. Micromégas y fut fort embarrassé : il examina l'animal fort patiemment, et le résultat de l'examen fut qu'il n'y avait pas moyen de croire qu'une âme fût logée là. Les deux voyageurs inclinaient donc à penser qu'il n'y a point d'esprit dans notre habitation, lorsqu'à l'aide du microscope ils aperçurent quelque chose de plus gros qu'une baleine qui flottait sur la mer Baltique. On sait que dans ce temps-là même une volée de philosophes revenait du cercle polaire, sous lequel ils avaient été faire des observations dont personne ne s'était avisé jusqu'alors. Les gazettes dirent que leur vaisseau échoua aux côtes de Botnie, et qu'ils eurent bien de la peine à se sauver ; mais on ne sait jamais dans ce monde le dessous des cartes. Je vais raconter ingénument comme la chose se passa, sans y rien mettre du mien, ce qui n'est pas un petit effort pour un historien.

REPÈRES

1. Quel est l'événement perturbateur de ce chapitre ?
2. Qu'est-ce qui empêche les deux voyageurs de se rendre compte que la Terre est habitée ?

OBSERVATION

3. Expliquez la réplique de Micromégas : « vous avez mal senti » (l. 41).
4. Commentez la comparaison du Saturnien avec un « petit chien de manchon ».
5. Quels sont les arguments du Saturnien pour démontrer l'absence de vie sur la Terre ? Quels arguments Micromégas leur oppose-t-il ?
6. Quels conseils Micromégas donne-t-il à son compagnon ?
7. À quel personnage de roman Voltaire fait-il allusion au travers de ses deux géants ?
8. Relevez toutes les expressions qui ont pour fonction de relativiser l'importance de la Terre. Lesquelles la dévaluent, et comment ?
9. Qu'est-ce qui provoque la découverte de la baleine ?
10. Relevez deux traits d'ironie ; qui visent-ils ?
11. Commentez la clausule du chapitre : que signifie « ingénument » ?

INTERPRÉTATIONS

12. En quel sens le mot « historien » est-il employé ? Quelle relation le conteur cherche-t-il à entretenir avec son lecteur ?
13. Quelle est la leçon délivrée par ce chapitre quant à la manière de faire des observations ?
14. La Terre a l'air bien déserte… Pourquoi Voltaire les fait-il atterrir dans un endroit aussi désertique que la Botnie ?

DE LA LECTURE À L'ÉCRITURE

15. Imaginez les observations faites, depuis le bateau, par les savants et les marins qui s'y trouvent.
16. Imaginez la réaction de Micromégas et du Saturnien s'ils voyaient nos villes d'aujourd'hui à la place des mers et des montagnes de la Botnie du XVIIIe siècle.

Chapitre V

Expériences et raisonnements des deux voyageurs

Micromégas étendit la main tout doucement vers l'endroit où l'objet paraissait, et, avançant deux doigts et les retirant par la crainte de se tromper, puis les ouvrant et les serrant, il saisit fort adroitement le vaisseau qui portait ces messieurs et le mit encore sur son ongle, sans le trop presser, de peur de l'écraser. « Voici un animal bien différent du premier », dit le nain de Saturne ; le Sirien mit le prétendu animal dans le creux de sa main. Les passagers et les gens de l'équipage, qui s'étaient crus enlevés par un ouragan, et qui se croyaient sur une espèce de rocher, se mettent tous en mouvement ; les matelots prennent des tonneaux de vin, les jettent sur la main de Micromégas, et se précipitent après. Les géomètres prennent leurs quarts de cercle[1], leurs secteurs, et des filles lapones[2], et descendent sur les doigts du Sirien. Ils en firent tant qu'il sentit enfin remuer quelque chose qui lui chatouillait les doigts : c'était un bâton ferré qu'on lui enfonçait d'un pied dans l'index ; il jugea, par ce picotement, qu'il était sorti quelque chose du petit animal qu'il tenait. Mais il n'en soupçonna pas d'abord davantage.

1. **Quart de cercle :** instrument de mesure des angles (de même que *secteur*).
2. **Lapones :** ces Lapones, qui faisaient partie de l'équipage de Maupertuis, ont défrayé la chronique à leur arrivée à Paris, comme le rapporte le quatrième *Discours en vers sur l'homme*.

Le microscope, qui faisait à peine discerner une baleine et un vaisseau, n'avait point de prise sur un être aussi imperceptible que des hommes. Je ne prétends choquer ici la vanité de personne, mais je suis obligé de prier les importants de faire ici une petite remarque avec moi : c'est qu'en prenant la taille des hommes d'environ cinq pieds, nous ne faisons pas sur la terre une plus grande figure qu'en ferait, sur une boule de dix pieds de tour, un animal qui aurait à peu près la six cent millième partie d'un pouce en hauteur. Figurez-vous une substance qui pourrait tenir la terre dans sa main, et qui aurait des organes en proportion des nôtres ; et il se peut très bien faire qu'il y ait un grand nombre de ces substances : or concevez, je vous prie, ce qu'elles penseraient de ces batailles, qui nous ont valu deux villages qu'il a fallu rendre[1].

Je ne doute pas que si quelque capitaine des grands grenadiers lit jamais cet ouvrage, il ne hausse de deux grands pieds au moins les bonnets de sa troupe ; mais je l'avertis qu'il aura beau faire, et que lui et les siens ne seront jamais que des infiniment petits.

Quelle adresse merveilleuse ne fallut-il donc pas à notre philosophe de Sirius pour apercevoir les atomes dont je viens de parler ! Quand Leeuwenhoek[2] et Hartsoeker virent les premiers, ou crurent voir, la graine dont nous sommes formés, ils ne firent pas à beaucoup près une si étonnante découverte. Quel plaisir sentit Micromégas en voyant remuer ces petites

1. **Rendre** : var. 1752 : « qui font gagner au vainqueur un village pour le perdre ensuite. »
2. **Leeuwenhoek** (1632-1723) et **Hartsoeker** (1656-1725) : naturalistes hollandais, qui observèrent entre autres les spermatozoïdes (« animalcules spermatiques ») au microscope.

machines, en examinant tous leurs tours, en les suivant dans toutes leurs opérations ! comme il s'écria ! comme il mit avec joie un de ses microscopes dans les mains de son compagnon de voyage ! « Je les vois, disaient-ils tous deux à la fois ; ne les voyez-vous pas qui portent des fardeaux, qui se baissent, qui se relèvent ? » En parlant ainsi, les mains leur tremblaient, par le plaisir de voir des objets si nouveaux et par la crainte de les perdre. Le Saturnien, passant d'un excès de défiance à un excès de crédulité, crut apercevoir qu'ils travaillaient à la propagation. *Ah !* disait-il, *j'ai pris la nature sur le fait*[1]. Mais il se trompait sur les apparences, ce qui n'arrive que trop, soit qu'on se serve ou non de microscopes.

1. **« J'ai pris la nature sur le fait. »** : reprise de l'éloge que fit Fontenelle du savant M. de Tournefort.

REPÈRES

1. À quel épisode célèbre des *Voyages de Gulliver* de Swift ce chapitre fait-il allusion ?
2. À quels interlocuteurs s'adresse le conteur ?

OBSERVATION

3. Par quelles impressions, de part et d'autre, se caractérise cette rencontre ?
4. Vu sa taille, que représente pour Micromégas un navire de 100 mètres de long, un homme d'1 mètre 70, un bonnet de grenadier de 65 cm ?
5. Le titre mentionne les « expériences et raisonnements » des deux voyageurs. Sont-ils les seuls, pourtant, à raisonner ?
6. Montrez que Voltaire nous livre ici un portrait du savant des Lumières. Quelles sont ses méthodes, ses motivations ?
7. Expliquez le trait humoristique du Saturnien.
8. Relevez les occurrences du mot « animal ». A-t-il toujours le même sens ? Quels sont les autres mots employés pour désigner des êtres vivants ?
9. Quels traits humoristiques se mêlent à l'expérience philosophique ?

INTERPRÉTATIONS

10. Comparez ce passage à l'épisode de Swift (cf. question 1). Le ton est-il le même ? Qu'est-ce qui différencie les deux points de vue ?
11. Résumez la leçon adressée aux « importants ».

DE LA LECTURE À L'ÉCRITURE

12. « Les mains leur tremblaient » : quels peuvent être les sentiments et les observations de l'équipage du bateau ? Pensez-vous qu'ils éprouvent la même excitation ? Rédigez un petit dialogue mettant en scène au moins trois interlocuteurs, dont un savant, un marin et une Lapone.

CHAPITRE VI

Ce qui leur arrive avec des hommes

Micromégas, bien meilleur observateur que son nain, vit clairement que les atomes se parlaient ; et il le fit remarquer à son compagnon, qui, honteux de s'être mépris sur l'article de la génération, ne voulut point que de pareilles espèces pussent se communiquer des idées. Il avait le don des langues, aussi bien que le Sirien ; il n'entendait point parler nos atomes, et il supposait qu'ils ne parlaient pas. D'ailleurs, comment ces êtres imperceptibles auraient-ils les organes de la voix, et qu'auraient-ils à dire ? Pour parler, il faut penser, ou à peu près ; mais, s'ils pensaient, ils auraient donc l'équivalent d'une âme. Or, attribuer l'équivalent d'une âme à cette espèce, cela lui paraissait absurde. « Mais, dit le Sirien, vous avez cru tout à l'heure qu'ils faisaient l'amour. Est-ce que vous croyez qu'on puisse faire l'amour sans penser et sans proférer quelques paroles, ou du moins sans se faire entendre ? Supposez-vous d'ailleurs qu'ils soit plus difficile de produire un argument qu'un enfant ? Pour moi, l'un et l'autre me paraissent de grands mystères. — Je n'ose plus ni croire ni nier, dit le nain ; je n'ai plus d'opinion. Il faut tâcher d'examiner ces insectes, nous raisonnerons après. — C'est fort bien dit », reprit Micromégas ; et aussitôt il tira une paire de ciseaux dont il se coupa les ongles, et d'une rognure de l'ongle de son pouce il fit sur-le-champ une espèce de grande trompette parlante comme un vaste entonnoir, dont il mit le tuyau dans son oreille. La circonférence de l'entonnoir enveloppait le vaisseau et tout l'équipage. La voix la plus faible entrait dans les fibres circulaires de l'ongle ; de sorte que, grâce à son industrie[1] le philosophe de là-haut entendit parfaitement le bourdonnement de nos insectes de là-bas. En peu d'heures il parvint à distinguer les paroles, et enfin à entendre le français. Le nain en fit autant, quoique avec plus de difficulté. L'étonnement des voyageurs redoublait à chaque instant. Ils entendaient des mites parler d'assez bon sens : ce jeu de la nature[2] leur paraissait inexplicable. Vous croyez bien que le Sirien et son nain brûlaient d'impatience de lier conversation avec les atomes : il craignait que sa voix de tonnerre, et surtout celle de Micromégas, n'assourdît les mites sans en être entendue. Il fallait en diminuer la force. Ils se mirent dans la bouche des espèces de petits cure-dents, dont le bout fort effilé venait donner auprès du vaisseau. Le Sirien tenait le nain sur ses genoux, et le vaisseau avec l'équipage sur un ongle ; il baissait la tête et parlait bas. Enfin, moyennant toutes ces précautions et bien d'autres encore, il commença ainsi son discours :

« Insectes invisibles, que la main du Créateur s'est plu à faire naître dans l'abîme de l'infiniment petit, je le remercie de ce qu'il a daigné me découvrir des secrets qui semblaient impénétrables. Peut-être ne daignerait-on pas vous regarder à ma cour ; mais je ne méprise personne, et je vous offre ma protection. »

Si jamais il y a eu quelqu'un d'étonné, ce furent les

1. **Industrie :** le mot, à l'époque, désignait l'habileté manuelle.
2. **Jeu de la nature :** expression héritée de Molière, et qui était très répandue pour nommer les phénomènes inexplicables scientifiquement.

gens qui entendirent ces paroles. Ils ne pouvaient deviner d'où elles partaient. L'aumônier du vaisseau récita les prières des exorcismes, les matelots jurèrent, et les philosophes du vaisseau firent un système ; mais, quelque système qu'ils fissent, ils ne purent jamais deviner qui leur parlait. Le nain de Saturne, qui avait la voix plus douce que Micromégas, leur apprit alors en peu de mots à quelles espèces ils avaient affaire. Il leur conta le voyage de Saturne, les mit au fait de ce qu'était M. Micromégas, et, après les avoir plaints d'être petits, il leur demanda s'ils avaient toujours été dans ce misérable état si voisin de l'anéantissement, ce qu'ils faisaient dans un globe qui paraissait appartenir à des baleines, s'ils étaient heureux, s'ils multipliaient, s'ils avaient une âme, et cent autres questions de cette nature.

Un raisonneur de la troupe, plus hardi que les autres, et choqué de ce qu'on doutait de son âme, observa l'interlocuteur avec des pinnules[1] braquées sur un quart de cercle, fit deux stations[2], et, à la troisième, il parla ainsi : « Vous croyez donc, monsieur, parce que vous avez mille toises depuis la tête jusqu'aux pieds, que vous êtes un... — Mille toises ! s'écria le nain. Juste ciel : d'où peut-il savoir ma hauteur ? mille toises ! Il ne se trompe pas d'un pouce. Quoi ! cet atome m'a mesuré ! Il est géomètre, il connaît ma grandeur ; et moi, qui ne le vois qu'à travers un microscope, je ne connais pas encore la sienne ! — Oui, je vous ai mesuré, dit le physicien, et je mesurerai bien encore

1. **Pinnules** : plaques de métal percées d'un œilleton, servant à prendre des alignements sur le terrain.
2. **Stations** : opérations successives effectuées pour une mesure d'angle.

votre grand compagnon. » La proposition fut acceptée ; Son Excellence se coucha de son long : car, s'il se fût tenu debout, sa tête eût été trop au-dessus des nuages. Nos philosophes lui plantèrent un grand arbre dans un endroit que le docteur Swift[1] nommerait, mais que je me garderai bien d'appeler par son nom, à cause de mon grand respect pour les dames. Puis, par une suite de triangles liés ensemble, ils conclurent que ce qu'ils voyaient était en effet un jeune homme de cent vingt mille pieds de roi.

Alors Micromégas prononça ces paroles : « Je vois plus que jamais qu'il ne faut juger de rien sur sa grandeur apparente. Ô Dieu, qui avez donné une intelligence à des substances qui paraissent si méprisables, l'infiniment petit vous coûte aussi peu que l'infiniment grand ; et, s'il est possible qu'il y ait des êtres plus petits que ceux-ci, ils peuvent encore avoir un esprit supérieur à ceux de ces superbes animaux que j'ai vus dans le ciel, dont le pied seul couvrirait le globe où je suis descendu. »

Un des philosophes lui répondit qu'il pouvait en toute sûreté croire qu'il est en effet des êtres intelligents beaucoup plus petits que l'homme. Il lui conta, non pas tout ce que Virgile a dit de fabuleux sur les abeilles, mais ce que Swammerdam a découvert, et ce que Réaumur a disséqué. Il lui apprit enfin qu'il y a des animaux

1. **Swift** : écrivain anglais (1667-1745), que Voltaire rencontra à Londres, et dont il admirait *Les Voyages de Gulliver* publiés en 1726.

qui sont pour les abeilles[1], ce que les abeilles sont pour l'homme, ce que le Sirien lui-même était pour ces animaux si vastes dont il parlait, et ce que ces grands animaux sont pour d'autres substances devant lesquelles ils ne paraissent que comme des atomes. Peu à peu la conversation devint intéressante, et Micromégas parla ainsi.

1. **Abeilles** : allusion aux *Géorgiques* (IV, v. 197 sq.) de Virgile. Voltaire consacre un article de son *Dictionnaire philosophique* à l'abeille pour invalider les propos « fabuleux » de Virgile ; les observations de Swammerdam, savant hollandais du XVIIe siècle dont *L'Histoire des insectes* fut publiée en 1737-1738, puis de Réaumur (1683-1757) opèrent le même travail de rationalisation.

LES HOMMES, CES « INSECTES INVISIBLES »

REPÈRES

1. Pourquoi est-ce si important de savoir si les hommes parlent ?
2. Gulliver et les Lilliputiens parviennent-ils aussi facilement à communiquer dans le roman de Swift ?

OBSERVATION

3. En quoi Micromégas est-il « meilleur observateur » que son compagnon ? Ce dernier a-t-il fait des progrès en la matière ?
4. Distinguez les différents types de passages qui rapportent des discours. Quel est l'intérêt, en général et pour ce texte en particulier, de chacun de ces types ?
5. Relevez les termes qui servent à désigner les humains terrestres. Quel mot moderne pourrait trouver sa place dans cette liste ?
6. Qu'est-ce qui souligne la petitesse des hommes par rapport aux deux géants ?
7. Pourquoi le « raisonneur de la troupe » entreprend-il de mesurer le Saturnien ?
8. Qu'est-ce qui provoque, chez les humains, l'admiration des deux géants ?
9. À quelle pratique Voltaire fait-il allusion en faisant dire à Micromégas : « Peut-être ne daignerait-on pas vous regarder à ma cour » (l. 53-54) ? En quoi est-elle propre à faire réfléchir son lecteur ?
10. Classez les réactions des membres de l'équipage, et déduisez-en les « cibles » de Voltaire.

INTERPRÉTATIONS

11. Pourquoi « tout ce que Virgile a dit de fabuleux sur les abeilles » est-il moins recevable que les découvertes de Swammerdam et de Réaumur ? (l. 108-111) À notre époque, de qui pourrait-on dire ce que Voltaire dit de Virgile ?
12. Qu'est-ce qui inspire à Micromégas la prière qu'il adresse à Dieu ?
13. Les hommes se révèlent-ils aussi « petits » que le début du conte le laissait penser ?
14. « La conversation devint intéressante » : quelle idée générale sur l'homme Voltaire exprime-t-il ici ? En quoi est-il plus optimiste que Swift ?

DE LA LECTURE À L'ÉCRITURE

15. A-t-on, depuis les débuts de la biologie à l'époque de Voltaire, découvert des insectes « intelligents » ? Faites un exposé sur les formes d'intelligence qu'on a découvertes chez les insectes. Sur quoi fonde-t-on la spécificité humaine ?
16. Mettez-vous en scène : vous rencontrez un extra-terrestre ; que faites-vous pour entrer en contact avec lui ?

Chapitre VII

Conversation avec les hommes

« Ô atomes intelligents, dans qui l'être éternel s'est plu à manifester son adresse et sa puissance, vous devez sans doute goûter des joies bien pures sur votre globe, car, ayant si peu de matière, et paraissant tout esprit, vous pouvez passer votre vie à aimer et à penser ; c'est la véritable vie des esprits. Je n'ai vu nulle part le vrai bonheur, mais il est ici, sans doute. » À ce discours, tous les philosophes secouèrent la tête ; et l'un d'eux, plus franc que les autres, avoua de bonne foi que, si l'on en excepte un petit nombre d'habitants fort peu considérés, tout le reste est un assemblage de fous, de méchants et de malheureux. « Nous avons plus de matière qu'il ne nous en faut, dit-il, pour faire beaucoup de mal, si le mal vient de la matière ; et trop d'esprit, si le mal vient de l'esprit. Savez-vous bien, par exemple, qu'à l'heure que je vous parle il y a cent mille fous de notre espèce, couverts de chapeaux, qui tuent cent mille autres animaux couverts d'un turban[1], ou qui sont massacrés par eux, et que, presque par toute la terre, c'est ainsi qu'on en use de temps immémorial ? » Le Sirien frémit et demanda quel pouvait être le sujet de ces horribles querelles entre de si chétifs animaux. « Il s'agit, dit le philosophe, de quelque tas de

1. **Turban** : lors de la guerre de 1735-1739, les soldats russes portaient des chapeaux, les Turcs des turbans.

boue[1] grand comme votre talon. Ce n'est pas qu'aucun de ces millions d'hommes qui se font égorger prétende un fétu sur ces tas de boue. Il ne s'agit que de savoir s'il appartiendra à un certain homme qu'on nomme *Sultan*, ou à un autre qu'on nomme, je ne sais pourquoi, *César*. Ni l'un ni l'autre n'a jamais vu ni ne verra jamais le petit coin de terre dont il s'agit, et presque aucun de ces animaux, qui s'égorgent mutuellement, n'a jamais vu l'animal pour lequel ils s'égorgent.

— Ah, malheureux ! s'écria le Sirien avec indignation, peut-on concevoir cet excès de rage forcenée ! Il me prend envie de faire trois pas, et d'écraser de trois coups de pied toute cette fourmilière d'assassins ridicules. — Ne vous en donnez pas la peine, lui répondit-on ; ils travaillent assez à leur ruine. Sachez qu'au bout de dix ans il ne reste jamais la centième partie de ces misérables ; sachez que, quand même ils n'auraient pas tiré l'épée, la faim, la fatigue ou l'intempérance les emportent presque tous. D'ailleurs, ce n'est pas eux qu'il faut punir : ce sont ces barbares sédentaires qui, du fond de leur cabinet, ordonnent, dans le temps de leur digestion, le massacre d'un million d'hommes, et qui ensuite en font remercier Dieu solennellement. »

Le voyageur se sentait ému de pitié pour la petite race humaine, dans laquelle il découvrait de si étonnants contrastes. « Puisque vous êtes du petit nombre des sages, dit-il à ces messieurs, et qu'apparemment vous ne tuez personne pour de l'argent, dites-moi, je vous prie, à quoi vous vous occupez. — Nous disséquons des mouches[2], dit le philosophe, nous mesurons

1. **Quelque tas de boue** : il s'agit de la Crimée.
2. **Mouches** : allusion aux travaux de Réaumur.

des lignes, nous assemblons des nombres, nous sommes d'accord sur deux ou trois points que nous entendons[1], et nous disputons sur deux ou trois mille que nous n'entendons pas. » Il prit aussitôt fantaisie au Sirien et au Saturnien d'interroger ces atomes pensants pour savoir les choses dont ils convenaient.

« Combien comptez-vous, dit-il, de l'étoile de la Canicule à la grande étoile des Gémeaux ? » Ils répondirent tous à la fois : « Trente-deux degrés et demi. — Combien comptez-vous d'ici à la lune ? — Soixante demi-diamètres de la terre en nombre rond. — Combien pèse votre air ? » Il croyait les attraper, mais tous lui dirent que l'air pèse environ neuf cents fois moins qu'un pareil volume de l'eau la plus légère, et dix-neuf cents fois moins que l'or de ducat[2]. Le petit nain de Saturne, étonné de leurs réponses, fut tenté de prendre pour des sorciers ces mêmes gens auxquels il avait refusé une âme un quart d'heure auparavant.

Enfin Micromégas leur dit : « Puisque vous savez si bien ce qui est hors de vous, sans doute vous savez encore mieux ce qui est en dedans. Dites-moi ce que c'est que votre âme, et comment vous formez vos idées. » Les philosophes parlèrent tous à la fois comme auparavant ; mais ils furent tous de différents avis. Le plus vieux citait Aristote, l'autre prononçait le nom de Descartes ; celui-ci, de Malebranche ; cet autre, de Leibniz ; cet autre, de Locke. Un vieux péripatéticien[3]

1. **Entendre :** le mot a encore son sens abstrait d'origine : « comprendre ».
2. **L'or du ducat :** l'expression désigne une pièce de monnaie d'or fin, dont la valeur variait de 10 à douze francs.
3. **Péripatéticien :** disciple d'Aristote (littéralement, « qui se promène ») ; le terme d'entéléchie est le mot utilisé par Aristote pour désigner une réalité parvenue à son degré de perfection.

dit tout haut avec confiance : « L'âme est un *entéléchie*, et une raison par quoi elle a la puissance d'être ce qu'elle est. C'est ce que déclare expressément Aristote, page 633 de l'édition du Louvre[1] : 'Ἐντελέχειά ἐστι, etc.

— Je n'entends pas trop bien le grec, dit le géant. — Ni moi non plus, dit la mite philosophique. — Pourquoi donc, reprit le Sirien, citez-vous un certain Aristote en grec ? — C'est, répliqua le savant, qu'il faut bien citer ce qu'on ne comprend point du tout dans la langue qu'on entend le moins. »

Le cartésien prit la parole, et dit : « L'âme est un esprit pur, qui a reçu dans le ventre de sa mère toutes les idées métaphysiques, et qui, en sortant de là, est obligée d'aller à l'école, et d'apprendre tout de nouveau ce qu'elle a si bien su et qu'elle ne saura plus. — Ce n'était donc pas la peine, répondit l'animal de huit lieues, que ton âme fût si savante dans le ventre de ta mère, pour être si ignorante quand tu aurais de la barbe au menton. Mais qu'entends-tu par esprit ? — Que me demandez-vous là ? dit le raisonneur ; je n'en ai point d'idée : on dit que ce n'est pas de la matière. — Mais sais-tu au moins ce que c'est que de la matière ? — Très bien, répondit l'homme. Par exemple cette pierre est grise, et d'une telle forme, elle a ses trois dimensions, elle est pesante et divisible. — Eh bien ! dit le Sirien, cette chose qui te paraît être divisible, pesante et grise, me dirais-tu bien ce que c'est ? Tu vois quelques attributs ; mais le fond de la chose, le connais-

1. **Louvre** : on lit dans l'édition de 1752 : « Il cita le passage » ; l'édition de Berlin cite le passage en entier (*De l'âme*, II, 2) qui signifie : « ce dont l'essence enveloppe l'existence ».

tu ? — Non, dit l'autre. — Tu ne sais donc point ce que c'est que la matière. »

Alors M. Micromégas, adressant la parole à un autre sage qu'il tenait sur son pouce, lui demanda ce que c'était que son âme, et ce qu'elle faisait. « Rien du tout, répondit le philosophe malebranchiste ; c'est Dieu qui fait tout pour moi ; je vois tout en lui, je fais tout en lui ; c'est lui qui fait tout sans que je m'en mêle. — Autant vaudrait ne pas être, reprit le sage de Sirius. Et toi, mon ami, dit-il à un leibnizien qui était là, qu'est-ce que ton âme ? — C'est, répondit le leibnizien, une aiguille qui montre les heures pendant que mon corps carillonne, ou bien, si vous voulez, c'est elle qui carillonne pendant que mon corps montre l'heure ; ou bien mon âme est le miroir de l'univers, et mon corps est la bordure du miroir : cela est clair. »

Un petit partisan de Locke était là tout auprès ; et quand on lui eut enfin adressé la parole : « Je ne sais pas, dit-il, comment je pense, mais je sais que je n'ai jamais pensé qu'à l'occasion de mes sens. Qu'il y ait des substances immatérielles et intelligentes, c'est de quoi je ne doute pas ; mais qu'il soit impossible à Dieu de communiquer la pensée à la matière, c'est de quoi je doute fort. Je révère la puissance éternelle ; il ne m'appartient pas de la borner : je n'affirme rien ; je me contente de croire qu'il y a plus de choses possibles qu'on ne le pense. »

L'animal de Sirius sourit : il ne trouva pas celui-là le moins sage ; et le nain de Saturne aurait embrassé le sectateur de Locke, sans l'extrême disproportion. Mais il y avait là, par malheur, un petit animalcule en bonnet carré[1] qui coupa la parole à tous les animalcules philosophes ; il dit qu'il savait tout le secret, que cela se trouvait dans la *Somme* de saint Thomas[2] ; il regarda de haut en bas les deux habitants célestes ; il leur soutint que leurs personnes, leurs mondes, leurs soleils, leurs étoiles, tout était fait uniquement pour l'homme. À ce discours, nos deux voyageurs se laissèrent aller l'un sur l'autre en étouffant de ce rire inextinguible qui, selon Homère, est le partage des dieux : leurs épaules et leurs ventres allaient et venaient, et dans ces convulsions le vaisseau, que le Sirien avait sur son ongle, tomba dans une poche de la culotte du Saturnien. Ces deux bonnes gens le cherchèrent longtemps ; enfin ils retrouvèrent l'équipage, et le rajustèrent fort proprement. Le Sirien reprit les petites mites ; il leur parla encore avec beaucoup de bonté, quoiqu'il fût un peu fâché dans le fond du cœur de voir que les infiniment petits eussent un orgueil presque infiniment grand. Il leur promit de leur faire un beau livre de philosophie, écrit fort menu pour leur usage, et que, dans ce livre, ils verraient le bout des choses. Effectivement, il leur donna ce volume avant son départ : on le porta à Paris, à l'Académie des sciences ; mais, quand le secrétaire[3] l'eut ouvert, il ne vit rien qu'un livre tout blanc : *Ah ! dit-il, je m'en étais bien douté.*

---

1. **Bonnet carré** : désigne un docteur de la Sorbonne.
2. **Somme de saint Thomas** : œuvre de Thomas d'Aquin (1226-1274) qui inspira le thomisme contre lequel s'élevèrent à la fois Descartes et les philosophes libertins du XVIIe siècle, ou encore Fontenelle, dénonçant « la vanité des hommes qui s'étaient mis à la plus belle place dans l'univers » dans ses *Entretiens sur la pluralité des mondes.* Mais le thomisme était la doctrine officielle de la Sorbonne.
3. **Secrétaire** : il s'agit de Fontenelle, qui était âgé de quatre-vingts ans en 1737.

ENTRE PHILOSOPHES…

REPÈRES

1. Quels thèmes sont abordés dans cette « conversation » ?
2. Combien y a-t-il d'interlocuteurs ?

OBSERVATION

3. Quel trait ironique mordant Voltaire glisse-t-il dans la question ingénue de Micromégas au début du chapitre ?
4. Quels points, déjà débattus entre le Sirien et le Saturnien au chapitre deux, sont repris ici ? Montrez que la réflexion de Voltaire est très construite.
5. Quels sont les termes employés par les philosophes humains pour désigner leurs semblables ? Sont-ils plus ou moins péjoratifs que ceux qu'utilisaient auparavant Micromégas et son compagnon ?
6. Sur quels thèmes les hommes sont-ils d'accord ?
7. Quelles sont les connotations du mot « assemblage » appliqué à l'humanité ?
8. Le thème de la guerre apparaît-il ici par hasard ? Que révèle l'étonnement des deux extra-terrestres ?
9. Par quels procédés le philosophe souligne-t-il la cruauté et l'absurdité de la guerre ?
10. Quelle activité commune les philosophes humains et Micromégas se découvrent-ils ?
11. Quel effet produit la chute du vaisseau et de son équipage dans la poche de la culotte du Saturnien ? En quoi est-ce un nouveau clin d'œil à Swift ?
12. Cherchez le mot « animalcule » dans un dictionnaire ; savez-vous dans quel contexte il était employé à l'époque de Voltaire ?

13. Quel courant philosophique humain reçoit le plus l'approbation de Micromégas ? Pourquoi ?

INTERPRÉTATIONS

14. Pourquoi est-il plus facile d'être d'accord sur « ce qui est hors de [nous] » que sur ce qui est « en dedans » ? A-t-on fait des progrès sur ce plan depuis l'époque de Voltaire ?
15. A-t-on progressé sur les questions abordées dans la troisième partie du chapitre ?
16. Selon vous, que représente ce « livre tout blanc » ?
17. Micromégas est-il tout à fait un porte-parole de la philosophie de Voltaire ? Vous énumérerez les arguments pour et les arguments contre, et essaierez de les compléter après la lecture des deux autres contes du recueil.

DE LA LECTURE À L'ÉCRITURE

18. Des philosophes humains découvrent, bien plus tard, que le livre est couvert de paroles écrites si menu que l'on ne les avait pas d'abord distinguées… Imaginez ce qu'ils y lisent.
19. Les membres de l'équipage sont rentrés en Europe. Chacun d'eux raconte l'aventure telle qu'il l'a ressentie. Rédigez l'un de ces récits au choix : celui d'une Lapone dans un salon, d'un marin dans une taverne, d'un savant au secrétaire de l'Académie. Faites bien attention à la mise en place du cadre, à la construction du récit et à la vraisemblance des souvenirs de votre conteur.

L'immense monde de l'infiniment petit

À l'origine du conte, il y a l'engouement de tout un siècle pour les questions d'optique et les observations au microscope : un univers nouveau, celui du très petit, révèle ses merveilles ; la complexité des insectes, la perfection de leur forme, l'éventail de leurs variétés mettent à mal la prétendue supériorité de l'homme. Dans le conte, les chiffres martèlent cette constatation : tout est une question d'échelle, puisqu'un seul pas de Micromégas correspond à 9 km 900, que le Saturnien doit faire douze enjambées par pas pour le suivre (de 825 mètres chacune), ce qui l'apparente à un « très petit chien de manchon » pour un « capitaine des gardes du roi de Prusse », plus grand que la majeure partie des hommes... Même chose pour les lieux : la mer devient une mare, l'océan un étang. Ce jeu sur les variations d'échelle est amplifié par la valse des chiffres, calculs, changements d'unités...

Mesurer le monde pour mieux l'explorer

À la leçon de relativité s'ajoute un message optimiste : si tout est mesurable, on peut espérer approcher les lois de l'univers. Pour Voltaire, Galilée et Newton fondent un monde intelligible et rassurant. De plus, en élargissant le champ sur lequel l'homme peut porter les yeux, Voltaire évoque les merveilleux plaisirs de la science ; lui-même nourrit son conte de ses lectures : évocation des soleils de Sirius et de Saturne, données naturalistes, expériences de mesure, mais il laisse aussi courir son imagination, en précurseur de la science-fiction, lorsqu'il porte le nombre des propriétés de la matière à 300 pour Saturne... Dès lors, la découverte de la petitesse de l'homme est beaucoup moins un principe d'humilité morale qu'un appel vigoureux à la découverte scientifique.

Le « voyage » du philosophe

Le philosophe « dissèque des mouches », « mesure des lignes » et « assemble des nombres », il ne se perd pas dans l'abstraction métaphysique. Comme Voltaire à Cirey avec Émilie du Châtelet, Micromégas explore l'univers. Son « voyage philosophique » est dès lors une voie d'évasion pleine de poésie, et les deux habitants de Saturne et de Sirius, allant « de lune en lune » semblent préfigurer Rimbaud, qui écrit dans « Phrases » (*Illuminations*, 1886) :
« J'ai tendu des cordes de clocher à clocher ; des guirlandes de fenêtre à fenêtre ; des chaînes d'or d'étoile à étoile, et je danse. »

C'est une longue histoire que la relation de Voltaire à Pascal, philosophe janséniste et mathématicien génial…

Une opposition farouche

Optimiste, tourné vers la vie et ses plaisirs, Voltaire a dès le début rejeté Pascal. Selon la 25e *Lettre philosophique*, Pascal est un « misanthrope sublime », sa morale est « désespérante », il pousse l'homme à se défaire de ses élans les plus naturels. À Pascal qui critique l'homme de ne pas assez penser au présent et à sa condition, Voltaire rétorque que notre plus grand bien est « l'espérance », c'est-à-dire la faculté de penser à l'avenir, de même que « notre condition est précisément de penser aux objets extérieurs » : « l'homme est né pour l'action ». Les passions ne sont donc pas mauvaises, elles sont d'ailleurs « les roues qui font tourner toutes les machines ». (*Traité de métaphysique*, chapitre 8)

Une réfutation difficile

Ainsi, Voltaire a poursuivi Pascal de ses tentatives pour réfuter un message dont il n'acceptait pas la dimension mystérieuse et pour lui désespérante. La difficulté théorique le conduit souvent à préférer l'attaque personnelle et ironique à la réfutation de fond. Ainsi, il profite dans le conte du fait que la sœur de Pascal a, après la mort de ce dernier, eu un peu trop tendance à répandre les « hauts faits » de son frère génial… Voltaire s'empare des légendes et les démystifie.

Comment ne pas être pascalien ?

Mais confronté à l'incontournable problème du mal, Voltaire se rapproche de Pascal et parle comme lui. Pascalien est le texte des *Adorateurs*, écrit par Voltaire en 1769 :

« L'homme est plus malheureux que tous les animaux ensemble : il est continuellement en proie à deux fléaux que les animaux ignorent, l'inquiétude et l'ennui, qui ne sont que le dégoût de soi-même. [...] il consume l'instant de sa détestable existence à faire le malheur de ses semblables, à les égorger lâchement pour un vil salaire, à tromper et à être trompé, à piller et être pillé, à servir pour commander, à se repentir sans cesse. » La persistance du dialogue qu'il entretient avec Pascal témoigne donc des va-et-vient de la sensibilité de Voltaire et de sa recherche constante d'une impossible acceptation.

Mais la force de Voltaire est de réagir au mal par la lutte et au pessimisme qui le guette par l'action ; de s'inventer, enfin, un Dieu clément et rationnel, pour éloigner les angoisses que nourrit l'image d'un Dieu terrible et mystérieux.

Qu'est-ce que la Terre pour un Sirien et un Saturnien qui voyagent sur des comètes ? Pas même un « mauvais cabaret de village » ! Et que dire des hommes ? Trop petits visiblement pour avoir une âme, ils sont sûrement inférieurs aux baleines, déjà si minuscules...

L'image dévaluée de la Terre refuse la tournure abstraite et morale, pour jouer au contraire sur des images visuelles : une « mare », un « étang », des « grains pointus », voilà ce qu'est la Terre explorée par nos savants sidéraux. À l'empyrée des théologiens – Derham, auquel il fait allusion, reprenait l'image antique pour appuyer sa *Théologie astronomique* –, s'oppose la « petite lueur » qui fait « pitié » aux deux voyageurs : c'est dire que la Terre est perdue dans l'infini, qu'elle n'est ni le centre du monde ni le sommet de la création divine. Son mouvement « gauche », sa conformation confuse, ses climats « incultes », tout prouve que « des gens de bon sens ne voudraient pas y demeurer ».

La constatation physique glisse ainsi vers l'argumentation morale, pour fustiger l'outrecuidant orgueil de l'être humain. Voltaire n'est pas si loin de Pascal, qui dit de l'homme, « s'il se vante, je l'abaisse » (fragment 163 des *Pensées*)... Vus à l'échelle du Sirien, les hommes sont des « mites », animaux minuscules et grossiers, mais aussi nuisibles, qui rongent les étoffes pour se nourrir. Car la leçon de relativité ne se veut pas un appel à l'humilité purement morale, argument clé des théologiens : elle supporte une critique acerbe de la folie humaine, qui pousse des milliers d'hommes à se battre pour « quelque tas de boue » grand comme le talon de Micromégas.

Le conte agrandit autant l'univers qu'il « raccourcit » l'homme. Animal parmi une infinité d'autres, l'homme doit, s'il veut être heureux, se satisfaire des limites physiques qui sont les siennes.

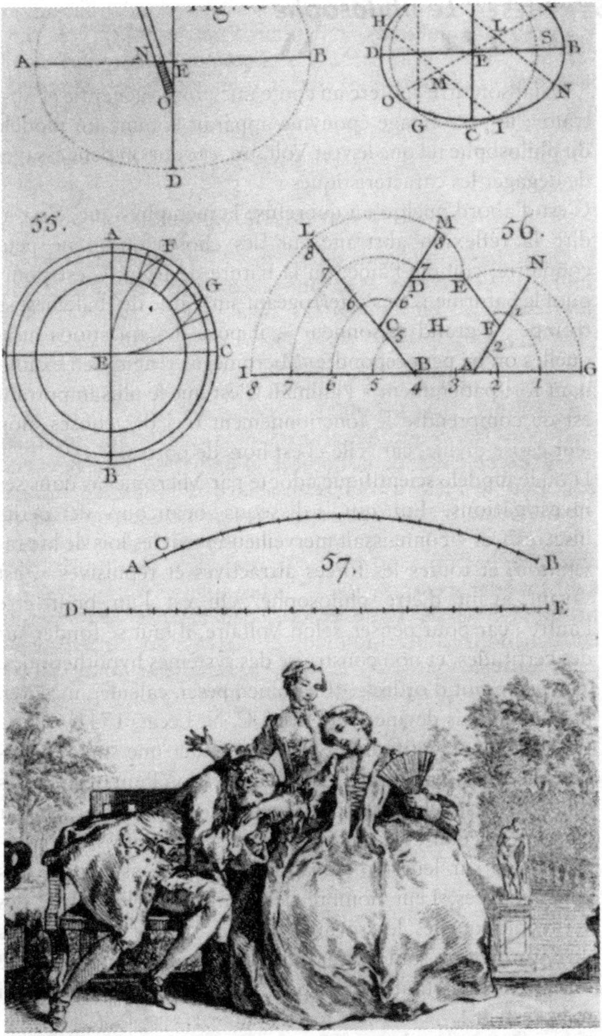

Gravure de Sébastien Leclerc (1637-1714) pour son Traité de géométrie.
Paris, Bibliothèque des Arts décoratifs.

Déjà, son titre confère au conte une portée générale et abstraite ; le personnage éponyme apparaît comme un **modèle du philosophe** tel que le voit Voltaire, et dont on peut essayer de dégager les caractéristiques :

C'est d'abord quelqu'un qui **refuse la métaphysique**, c'est-à-dire la réflexion abstraite sur des choses qu'on ne peut connaître, comme l'âme, ou la nature de Dieu. C'est pourquoi le Saturnien, en s'interrogeant sur l'âme des baleines, se trompe ; « grand raisonneur », il pose des questions auxquelles on ne peut répondre. Micromégas réagit « en examinant fort patiemment » l'animal. C'est que le plus important est de comprendre le fonctionnement réel des choses, non leur cause divine, car celle-ci est hors de portée.

D'où le **modèle scientifique** adopté par Micromégas dans ses investigations. Lui qui « disséqua beaucoup de petits insectes » et « connaissait merveilleusement les lois de la gravitation, et toutes les forces attractives et répulsives », est savant avant d'être philosophe. Ou est l'un pour être l'autre : car pour penser, selon Voltaire, il faut se fonder sur des certitudes, et non construire des systèmes hypothétiques. Voici son mot d'ordre : « Examiner, peser, calculer, mesurer, mais ne jamais deviner. » (lettre à C. N. Lecat, 1741)

Or la vérité scientifique ne peut se fonder que sur des faits répétés, autrement dit des **expériences.** D'où l'importance des sens sans lesquels l'expérience ne se conçoit pas ; c'est par leur intermédiaire que nous recevons les impressions extérieures, et sur leur témoignage que nous construisons nos connaissances. Leur nombre détermine donc l'ampleur des vérités auxquelles les savants peuvent aspirer : les 72 sens du Saturnien ne sont pas grand-chose par rapport aux mille du Sirien, mais tant par rapport aux cinq pauvres sens qui nous restent !

L'expérience doit encore être bien menée, et toute conclusion hâtive (faite par analogie par exemple) court le risque d'être erronée, jusqu'au ridicule : Voltaire plaisante l'observation de la « propagation » des espèces faite par un Saturnien-Fontenelle fantaisiste et rêveur…

Surtout, le philosophe doit **se garder des systèmes,** qui négligent la complexité de la réalité au profit de la satisfaction intellectuelle. La fin de *Micromégas* fait le tour des grands systèmes qui se disputent l'autorité au XVIIIe siècle. De là le privilège du lockien : lui sait reconnaître son ignorance, qui le pousse à « croire qu'il y a plus de choses possibles qu'on ne pense ». Il n'annule d'ailleurs pas le pessimisme du constat de la contradiction entre la petitesse des hommes et leur « orgueil presque infiniment grand ».

Mais Micromégas n'est pas qu'un voyageur qui se forme « l'esprit et le cœur » en allant observer la diversité de la création ; banni, il part tenter de continuer **la lutte pour la vérité** sous d'autres cieux. Frère de Voltaire, il a subi les méfaits de la censure, s'est heurté à un « muphti » « fort ignorant »… Chez Voltaire, le philosophe est toujours un combattant ; bien avant qu'il ne s'engage dans la « lutte contre l'Infâme », il a vécu l'écriture philosophique comme une bataille. Les « muphtis » des contes sont autant de rappels du danger de l'ignorance au pouvoir. Écoutons la savoureuse loi instaurée par le muphti dans *De l'horrible danger de la lecture* (1765), qui ordonne depuis son palais de la Stupidité « que dans toutes les conversations on ait à se servir de termes qui ne signifient rien »…

Tu m'as abandonné, dit Colin, mais tu as beau être grand Seigneur, je t'aimerai toûjours.

Jeannot et Colin

Jeannot et Colin *par J.-M. Moreau le jeune (1787). Paris, Bibliothèque nationale.*

JEANNOT ET COLIN

Plusieurs personnes dignes de foi ont vu Jeannot et Colin à l'école dans la ville d'Issoire, en Auvergne, ville fameuse dans tout l'univers par son collège, et par ses chaudrons. Jeannot était fils d'un marchand de mulets très renommés, et Colin devait le jour à un brave laboureur des environs, qui cultivait la terre avec quatre mulets, et qui, après avoir payé la taille, le taillon, les aides et gabelles, le sou pour livre, la capitation et les vingtièmes[1], ne se trouvait pas puissamment riche au bout de l'année.

Jeannot et Colin étaient fort jolis pour des Auvergnats ; ils s'aimaient beaucoup, et ils avaient ensemble de petites privautés[2], de petites familiarités, dont on se ressouvient toujours avec agrément quand on se rencontre ensuite dans le monde.

Le temps de leurs études était sur le point de finir, quand un tailleur apporta à Jeannot un habit de velours à trois couleurs, avec une veste de Lyon de fort bon goût : le tout était accompagné d'une lettre à

1. **Vingtièmes** : Voltaire énumère les impôts payés par les paysans sous l'Ancien Régime : la taille (personnelle, pour l'impôt sur le revenu ; réelle, pour l'impôt foncier), le taillon, supplément à la taille, et les aides et gabelles, impôts indirects sur certaines denrées, en particulier le sel ; le sou pour livre consistait en un supplément de 5 pour cent, la capitation en impôt personnel sur le revenu et les vingtièmes un autre impôt sur le revenu. Voltaire publia en 1749 une *Lettre à l'occasion de l'impôt du vingtième* où il mettait en cause non l'impôt lui-même, mais sa répartition et son usage, afin d'appuyer le plan de réforme fiscale engagé par Machault d'Arnouville, ministre de Louis XIV de 1745 à 1754.

2. **Privautés** : ici, « secrets ».

M. de la Jeannotière. Colin admira l'habit, et ne fut point jaloux ; mais Jeannot prit un air de supériorité qui affligea Colin. Dès ce moment Jeannot n'étudia plus, se regarda au miroir et méprisa tout le monde. Quelque temps après un valet de chambre arrive en poste, et apporte une seconde lettre à M. le marquis de la Jeannotière ; c'était un ordre de monsieur son père de faire venir monsieur son fils à Paris. Jeannot monta en chaise[1] en tendant la main à Colin avec un sourire de protection assez noble. Colin sentit son néant et pleura. Jeannot partit dans toute la pompe de sa gloire.

Les lecteurs qui aiment à s'instruire doivent savoir que M. Jeannot le père avait acquis assez rapidement des biens immenses dans les affaires. Vous demandez comment on fait ces grandes fortunes ? C'est parce qu'on est heureux. Jeannot était bien fait, sa femme aussi, et elle avait encore de la fraîcheur. Ils allèrent à Paris pour un procès qui les ruinait, lorsque la fortune, qui élève et qui abaisse les hommes à son gré, les présenta à la femme d'un entrepreneur des hôpitaux des armées, homme d'un grand talent, et qui pouvait se vanter d'avoir tué plus de soldats en un an que le canon n'en fait périr en dix. Jeannot plut à madame : la femme de Jeannot plut à monsieur. Jeannot fut bientôt de part dans l'entreprise ; il entra dans d'autres affaires. Dès qu'on est dans le fil de l'eau, il n'y a qu'à se laisser aller ; on fait sans peine une fortune immense. Les gredins qui du rivage vous regardent à pleines voiles, ouvrent des yeux étonnés ; ils ne savent comment vous avez pu parvenir ; ils vous envient au hasard, et font

1. **Chaise** : c'est-à-dire chaise de poste (voir plus haut), voiture légère.

contre vous des brochures que vous ne lisez point. C'est ce qui arriva à Jeannot le père, qui fut bientôt M. de la Jeannotière, et qui, ayant acheté un marquisat[1] au bout de six mois, retira de l'école monsieur le marquis son fils, pour le mettre à Paris dans le beau monde.

Colin, toujours tendre, écrivit une lettre de compliments à son ancien camarade, *et lui fit ces lignes pour le congratuler.* Le petit marquis ne lui fit point de réponse. Colin en fut malade de douleur.

Le père et la mère donnèrent d'abord un gouverneur au jeune marquis : ce gouverneur qui était un homme du bel air, et qui ne savait rien, ne put rien enseigner à son pupille[2]. Monsieur voulait que son fils apprît le latin, madame ne le voulait pas. Ils prirent pour arbitre un auteur qui était célèbre alors par des ouvrages agréables. Il fut prié à dîner. Le maître de la maison commença par lui dire d'abord : « Monsieur, comme vous savez le latin, et que vous êtes un homme de la cour... — Moi, monsieur, du latin ! je n'en sais pas un mot, répondit le bel esprit, et bien m'en a pris : il est clair qu'on parle beaucoup mieux sa langue quand on ne partage pas son application entre elle et des langues étrangères. Voyez toutes nos dames : elles ont l'esprit plus agréable que les hommes ; leurs lettres sont écrites avec cent fois plus de grâce, elles n'ont sur nous cette supériorité que parce qu'elles ne savent pas le latin.

— Eh bien, n'avais-je pas raison ? dit madame. Je veux que mon fils soit un homme d'esprit, qu'il réussisse dans le monde ; et vous voyez bien que, s'il savait le latin, il serait perdu. Joue-t-on, s'il vous plaît, la

1. **Marquisat :** titre de marquis qu'accompagnent des terres.
2. **Pupille :** élève.

UNE IDYLLE QUI TOURNE MAL

REPÈRES

1. Faites l'inventaire des informations délivrées par le narrateur : lieu, date, personnages.
2. Le conteur semble-t-il intervenir dans son récit ?
3. Quelles sont les connotations *a priori* des prénoms des deux personnages éponymes ?

OBSERVATION

4. Les situations sociales des deux amis sont au départ très proches : à quelle catégorie de l'Ancien Régime appartiennent-ils tous deux ?
5. Quels sont les « signes extérieurs de richesse » arborés par la famille de Jeannot ?
6. Que veut dire le mot « fortune » : aujourd'hui, à l'époque, dans le texte ? Y a-t-il d'ailleurs toujours le même sens ?
7. Étudiez les images utilisées par le conteur pour décrire l'ascension sociale du marchand.
8. Quelles sont les causes de l'ascension sociale de la famille ?
9. Étudiez la manière dont le conteur désigne le marchand et son fils : en quoi ces désignations sont-elles satiriques ?
10. Pourquoi « lui fit ces lignes pour le congratuler » (l. 56-57) est-il écrit en italique ? Après avoir expliqué grammaticalement cette formule, analysez son effet stylistique.

INTERPRÉTATIONS

11. Quel est le ton de ce début de récit ? À quel endroit perçoit-on le plus la portée critique du texte ?

12. Donnez un autre titre au conte au vu de ce seul passage ; de quoi s'agit-il ?
13. Est-ce un récit réaliste ?
14. En quoi est-ce un « conte moral » ?

DE LA LECTURE À L'ÉCRITURE

15. Vous êtes Colin, et vous assistez à la transformation de votre meilleur(e) ami(e) : quelles sont vos réactions ? Racontez la scène, en privilégiant le dialogue.

comédie et l'opéra en latin ? Plaide-t-on en latin quand on a un procès ? Fait-on l'amour[1] en latin ? » Monsieur, ébloui de ces raisons, passa condamnation[2], et il fut conclu que le jeune marquis ne perdrait point son temps à connaître Cicéron, Horace et Virgile. Mais qu'apprendra-t-il donc ? car encore faut-il qu'il sache quelque chose ; ne pourrait-on pas lui montrer un peu de géographie ? « À quoi cela lui servira-t-il ? répondit le gouverneur. Quand monsieur le marquis ira dans ses terres, les postillons ne sauront-ils pas les chemins ? ils ne l'égareront certainement pas. On n'a pas besoin d'un quart de cercle pour voyager, et on va très commodément de Paris en Auvergne sans qu'il soit besoin de savoir sous quelle latitude on se trouve.

— Vous avez raison, répliqua le père ; mais j'ai entendu parler d'une belle science qu'on appelle, je crois, l'*astronomie.* — Quelle pitié ! repartit le gouverneur ; se conduit-on par les astres de ce monde ? et faudra-t-il que monsieur le marquis se tue à calculer une éclipse, quand il la trouve à point nommé dans l'almanach, qui lui enseigne de plus les fêtes mobiles, l'âge de la lune, et celui de toutes les princesses de l'Europe ? »

Madame fut entièrement de l'avis du gouverneur. Le petit marquis était au comble de la joie ; le père était très indécis. « Que faudra-t-il donc apprendre à mon fils ? disait-il. — À être aimable, répondit l'ami que l'on consultait ; et s'il sait *les moyens de plaire*, il saura

1. **Faire l'amour** : l'expression signifie seulement « faire la cour » au XVIIIe siècle.
2. **Passer condamnation** : l'expression signifiait « reconnaître ses torts », mais était plus souvent employée, comme ici, pour dire « pardonner, ne pas tenir rigueur à quelqu'un ».

tout : c'est un art qu'il apprendra chez madame sa mère, sans que ni l'un ni l'autre se donnent la moindre peine. »

Madame, à ce discours, embrassa le gracieux ignorant, et lui dit : « On voit bien, monsieur, que vous êtes l'homme du monde le plus savant ; mon fils vous devra toute son éducation. Je m'imagine pourtant qu'il ne serait pas mal qu'il sût un peu d'histoire. — Hélas ! madame, à quoi cela est-il bon ? répondit-il ; il n'y a certainement d'agréable et d'utile que l'histoire du jour. Toutes les histoires anciennes, comme le disait un de nos beaux esprits, ne sont que des fables convenues ; et, pour les modernes, c'est un chaos qu'on ne peut débrouiller. Qu'importe à monsieur votre fils que Charlemagne ait institué les douze pairs de France, et que son successeur ait été bègue ?

— Rien n'est mieux dit ! s'écria le gouverneur ; on étouffe l'esprit des enfants sous un amas de connaissances inutiles ; mais de toutes les sciences la plus absurde à mon avis, et celle qui est la plus capable d'étouffer toute espèce de génie, c'est la géométrie. Cette science ridicule a pour objet des surfaces, des lignes et des points, qui n'existent pas dans la nature. On fait passer en esprit cent mille lignes courbes entre un cercle et une ligne droite qui le touche, quoique dans la réalité on n'y puisse pas passer un fétu. La géométrie, en vérité, n'est qu'une mauvaise plaisanterie. »

Monsieur et madame n'entendaient pas trop ce que le gouverneur voulait dire ; mais ils furent entièrement de son avis.

« Un seigneur comme monsieur le marquis, continua-t-il, ne doit pas se dessécher le cerveau dans ces vaines études. Si un jour il a besoin d'un géomètre sublime pour lever le plan de ses terres, il les fera arpenter pour son argent. S'il veut débrouiller l'antiquité de sa noblesse, qui remonte aux temps les plus reculés, il enverra chercher un bénédictin. Il en est de même de tous les arts. Un jeune seigneur heureusement né n'est ni peintre, ni musicien, ni architecte, ni sculpteur ; mais il fait fleurir tous ces arts en les encourageant par sa magnificence. Il vaut sans doute mieux les protéger que de les exercer ; il suffit que monsieur le marquis ait du goût ; c'est aux artistes à travailler pour lui ; et c'est en quoi on a très grande raison de dire que les gens de qualité *(j'entends ceux qui sont très riches)* savent tout sans avoir rien appris, parce qu'en effet ils savent à la longue juger de toutes les choses qu'ils commandent et qu'ils payent. »

L'aimable ignorant prit alors la parole, et dit : « Vous avez très bien remarqué, madame, que la grande fin de l'homme est de réussir dans la société. De bonne foi, est-ce par les sciences qu'on obtient ce succès ? S'est-on jamais avisé dans la bonne compagnie de parler de géométrie ? Demande-t-on jamais à un honnête homme quel astre se lève aujourd'hui avec le soleil ? S'informe-t-on à souper si Clodion le chevelu[1] passa le Rhin ? — Non, sans doute, s'écria la marquise de la Jeannotière, que ses charmes avaient initiée quelquefois dans le beau monde ; et monsieur mon fils ne doit point éteindre son génie par l'étude de tous ces fatras ; mais enfin que lui apprendra-t-on ? Car il est bon qu'un jeune seigneur puisse briller dans l'occasion, comme dit monsieur mon mari. Je me souviens d'avoir

1. **Clodion le Chevelu** : ancêtre des Mérovingiens mort vers 447, qui envahit la Gaule vers 430.

ouï dire à un abbé, que la plus agréable des sciences était une chose dont j'ai oublié le nom, mais qui commence par un *B*. — Par un *B*, madame ? ne serait-ce point la botanique ? — Non, ce n'était point de botanique qu'il me parlait ; elle commençait, vous dis-je, par un *B*, et finissait par un *on*. — Ah ! j'entends, madame, c'est le blason : c'est à la vérité une science fort profonde : mais elle n'est plus à la mode, depuis qu'on a perdu l'habitude de faire peindre ses armes aux portières de son carrosse ; c'était la chose du monde la plus utile dans un État bien policé. D'ailleurs, cette étude serait infinie ; il n'y a point aujourd'hui de barbier qui n'ait ses armoiries ; et vous savez que tout ce qui devient commun est peu fêté. » Enfin, après avoir examiné le fort et le faible des sciences, il fut décidé que monsieur le marquis apprendrait à danser.

La nature, qui fait tout, lui avait donné un talent qui se développa bientôt avec un succès prodigieux, c'était de chanter agréablement des vaudevilles[1]. Les grâces de la jeunesse, jointes à ce don supérieur, le firent regarder comme le jeune homme de la plus grande espérance. Il fut aimé des femmes, et ayant la tête toute pleine de chansons, il en fit pour ses maîtresses. Il pillait *Bacchus et l'Amour* dans un vaudeville, *la Nuit et le Jour* dans un autre, *les Charmes et les Alarmes* dans un troisième. Mais, comme il y avait toujours dans ses vers quelques pieds de plus ou de moins qu'il ne fallait, il les faisait corriger moyennant vingt louis d'or par

1. **Vaudeville :** « chanson qui court la ville, dont l'air est facile à chanter, et dont les paroles sont faites ordinairement sur quelque aventure, sur quelque intrigue du temps » (*Dictionnaire* de l'Académie, 1694).

L'ÉDUCATION

REPÈRES

1. Sur combien de temps environ se déroule ce passage ?
2. Combien de personnages interviennent dans ce dialogue ? Combien sont présents ?

OBSERVATION

3. Quel est le trait commun à tous ces personnages ?
4. Analysez l'effet de chute du type d'éducation finalement choisi : « il fut décidé que monsieur le marquis apprendrait à danser. » (l. 185-186)
5. Comment Voltaire parvient-il à faire passer son avis alors que la quasi-totalité du texte est composée d'un dialogue ? Relevez des procédés précis.
6. Comment est soulignée l'ignorance réelle du gouverneur et de l'« auteur » ?
7. Commentez l'ordre des matières proposées par les parents de Jeannot.
8. Quelle fonction chacun des parents de Jeannot accorde-t-il à l'éducation ?
9. Quels sont les arguments du bel esprit et de la marquise contre l'enseignement du latin ?
10. Quel est le « leitmotiv » des arguments du gouverneur ? En quoi est-ce contradictoire avec sa fonction ?
11. En quoi consiste l'ironie de la phrase : « Monsieur et madame n'entendaient pas trop ce que le gouverneur voulait dire ; mais ils furent entièrement de son avis. » (l. 135-137) ?

Interprétations

12. Quelle est, à votre avis, la position de Voltaire sur ce qu'il faut enseigner à un adolescent ?
13. Quelle image de la société riche Voltaire donne-t-il au travers de cette scène ?
14. Où Voltaire a-t-il fait ses études ? Quel éclairage supplémentaire cette information peut-elle apporter au texte ?
15. Quelle idée ce texte donne-t-il de la situation des arts à l'époque de Voltaire ?

De la lecture à l'écriture

16. Parmi les matières proposées dans cet extrait, lesquelles vous paraissent les plus utiles aujourd'hui ?

chanson, et il fut mis dans *L'Armée littéraire*[1] au rang des La Fare, des Chaulieu, des Hamilton, des Sarrasin et des Voiture.

Madame la marquise crut alors être la mère d'un bel esprit, et donna à souper aux beaux esprits de Paris. La tête du jeune homme fut bientôt renversée ; il acquit l'art de parler sans s'entendre, et se perfectionna dans l'habitude de n'être propre à rien. Quand son père le vit si éloquent, il regretta vivement de ne lui avoir pas fait apprendre le latin, car il lui aurait acheté une grande charge dans la robe[2]. La mère, qui avait des sentiments plus nobles, se chargea de solliciter un régiment pour son fils ; et en attendant il fit l'amour. L'amour est quelquefois plus cher qu'un régiment. Il dépensa beaucoup, pendant que ses parents s'épuisaient encore davantage à vivre en grands seigneurs.

Une jeune veuve de qualité leur voisine, qui n'avait qu'une fortune médiocre, voulut bien se résoudre à mettre en sûreté les grands biens de M. et de Mme de la Jeannotière, en se les appropriant, et en épousant le jeune marquis. Elle l'attira chez elle, se laissa aimer, lui fit entrevoir qu'il ne lui était pas indifférent, le conduisit par degrés, l'enchanta, le subjugua sans peine. Elle lui donnait tantôt des éloges, tantôt des conseils ; elle devint la meilleure amie du père et de la mère. Une vieille voisine proposa le mariage. Les parents, éblouis de la splendeur de cette alliance, acceptèrent avec joie la proposition. Ils donnèrent leur fils unique à leur amie

1. ***L'Année littéraire*** : périodique créé en 1754 par Fréron (1718-1776), ennemi déclaré de Voltaire ; les deux hommes n'ont pas cessé de s'éreinter dans leurs écrits respectifs.

2. **Il lui aurait acheté une charge dans la robe** : voir *Le monde comme il va*.

intime. Le jeune marquis allait épouser une femme qu'il adorait et dont il était aimé ; les amis de la maison le félicitaient, on allait rédiger les articles, en travaillant aux habits de noce et à l'épithalame[1].

Il était, un matin, aux genoux de sa charmante épouse, que l'amour, l'estime et l'amitié allaient lui donner ; ils goûtaient dans une conversation tendre et animée, les prémices de leur bonheur ; ils s'arrangeaient pour mener une vie délicieuse ; lorsqu'un valet de chambre de madame la mère arrive tout effaré. « Voici bien d'autres nouvelles, dit-il ; des huissiers déménagent la maison de monsieur et de madame ; tout est saisi par des créanciers ; on parle de prise de corps, et je vais faire mes diligences[2] pour être payé de mes gages. — Voyons un peu, dit le marquis, ce que c'est que ça, ce que c'est que cette aventure-là. — Oui, dit la veuve, allez punir ces coquins-là, allez vite. » Il y court, il arrive à la maison ; son père était déjà emprisonné ; tous les domestiques avaient fui chacun de leur côté, en emportant tout ce qu'ils avaient pu. Sa mère était seule, sans secours, sans consolation, noyée dans les larmes ; il ne lui restait rien que le souvenir de sa fortune, de sa beauté, de ses fautes et de ses folles dépenses.

Après que le fils eut longtemps pleuré avec la mère, il lui dit enfin : « Ne nous désespérons pas ; cette jeune veuve m'aime éperdument, elle est plus généreuse encore que riche, je réponds d'elle ; je vole à elle, et je vais vous l'amener. » Il retourne donc chez sa maîtresse, il la trouve tête à tête avec un jeune officier fort

1. **Épithalame :** poème lyrique composé à l'occasion d'un mariage.
2. **Faire mes diligences :** se montrer zélé pour obtenir quelque chose.

aimable. « Quoi ! c'est vous, M. de la Jeannotière, que venez-vous faire ici ? Abandonne-t-on ainsi sa mère ? Allez chez cette pauvre femme, et dites-lui que je lui veux toujours du bien : j'ai besoin d'une femme de chambre, et je lui donnerai la préférence. — Mon garçon, tu me parais assez bien tourné, lui dit l'officier, si tu veux entrer dans ma compagnie, je te donnerai un bon engagement. »

Le marquis stupéfait, la rage dans le cœur, alla chercher son ancien gouverneur, déposa ses douleurs dans son sein, et lui demanda des conseils. Celui-ci lui proposa de se faire, comme lui, gouverneur d'enfants. « Hélas ! je ne sais rien, vous ne m'avez rien appris, et vous êtes la première cause de mon malheur » ; et il sanglotait en lui parlant ainsi. « Faites des romans, lui dit un bel esprit qui était là, c'est une excellente ressource à Paris. »

Le jeune homme, plus désespéré que jamais, courut chez le confesseur de sa mère : c'était un théatin[1] très accrédité, qui ne dirigeait que les femmes de la première considération ; dès qu'il le vit, il se précipita vers lui. « Eh, mon Dieu, monsieur le marquis, où est votre carrosse ? comment se porte la respectable madame la marquise votre mère ? » Le pauvre malheureux lui conta le désastre de sa famille. À mesure qu'il s'expliquait, le théatin prenait une mine plus grave, plus indifférente, plus imposante : « Mon fils, voilà où Dieu vous voulait : les richesses ne servent qu'à corrompre le

1. **Théatin** : membre d'une congrégation de clercs réguliers fondée en 1524 à Rome. Voltaire fait peut-être allusion à Jean-François Boyer, ministre chargé des affaires ecclésiastiques qui s'opposa plusieurs fois à Voltaire, en particulier en 1743 lorsque l'écrivain brigua sa succession à l'Académie.

cœur. Dieu a donc fait la grâce à votre mère de la réduire à la mendicité ? — Oui, monsieur. — Tant mieux, elle est sûre de son salut. — Mais, mon Père, en attendant n'y aurait-il pas moyen d'obtenir quelque secours dans ce monde ? — Adieu, mon fils ; il y a une dame de la cour qui m'attend. »

Le marquis fut prêt à s'évanouir ; il fut traité à peu près de même par ses amis, et apprit mieux à connaître le monde dans une demi-journée que dans tout le reste de sa vie.

Comme il était plongé dans l'accablement du désespoir, il vit avancer une chaise roulante à l'antique, espèce de tombereau[1] couvert, accompagné de rideaux de cuir, suivi de quatre charrettes énormes toutes chargées. Il y avait dans la chaise un jeune homme grossièrement vêtu ; c'était un visage rond et frais qui respirait la douceur et la gaieté. Sa petite femme, brune, et assez grossièrement agréable, était cahotée à côté de lui. La voiture n'allait pas comme le char d'un petit-maître. Le voyageur eut tout le temps de contempler le marquis immobile, abîmé dans sa douleur. « Eh mon Dieu ! s'écria-t-il, je crois que c'est là Jeannot. » À ce nom le marquis lève les yeux, la voiture s'arrête : « C'est Jeannot lui-même, c'est Jeannot. » Le petit homme rebondi ne fait qu'un saut et court embrasser son ancien camarade. Jeannot reconnut Colin ; la honte et les pleurs couvrirent son visage. « Tu m'as abandonné, dit Colin, mais tu as beau être grand seigneur, je t'aimerai toujours. » Jeannot confus et attendri lui conta en sanglotant une partie de son histoire. « Viens dans l'hôtellerie

1. **Tombereau** : caisse montée sur deux roues et servant au transport de marchandises, que l'on décharge en la faisant basculer.

LA FIN D'UNE ILLUSION

REPÈRES

1. Combien d'étapes narratives comporte ce passage ?
2. À quelle carrière le talent de Jeannot le destine-t-il ?

OBSERVATION

3. Quelle attaque le conteur lance-t-il contre les hommes de lettres de son temps ?
4. Relevez tous les termes du champ lexical de l'amour et déduisez-en l'opinion de Voltaire quant à la galanterie parisienne.
5. En quoi ce passage reprend-il des traits de satire déjà développés dans *Le monde comme il va* ?
6. Sait-on sur combien de temps se déroulent les événements du passage ? Quel est le rythme de cet épisode ?
7. Combien de scènes différentes le passage contient-il ? En quoi consiste l'impact des paroles rapportées au style direct ?
8. Quels personnages le récit éreinte-t-il au passage ?
9. Quelles sont les causes de la chute du père de Jeannot ?
10. Relevez les indices qui soulignent que les « amis » de Jeannot n'en voulaient qu'à sa richesse.

INTERPRÉTATIONS

11. Ce passage est-il plus ou moins négatif dans sa critique de la société mondaine que *Le monde comme il va* ?
12. Cette galerie des « faux amis » du jeune marquis change-t-elle le ton du conte ?

DE LA LECTURE À L'ÉCRITURE

13. Le marquis « apprit mieux à connaître le monde dans une demi-journée que dans tout le reste de sa vie » (l. 292-294) : qu'est-ce que Jeannot a appris par cette mésaventure ?

14. Jeannot ne se laisse pas aller au désespoir : il écrit un poème à sa fiancée pour la ramener à lui… Rédigez-le, sans trop d'inquiétude : n'oubliez pas que ses vers ont souvent « quelques pieds de plus ou de moins qu'il ne fallait » !

15. Vous est-il déjà arrivé d'éprouver pareille désillusion ? Racontez votre histoire.

où je loge me conter le reste, lui dit Colin ; embrasse ma petite femme, et allons dîner ensemble. »

Ils vont tous trois à pied, suivis du bagage. « Qu'est-ce donc que tout cet attirail ? Vous appartient-il ? — Oui, tout est à moi et à ma femme. Nous arrivons du pays ; je suis à la tête d'une bonne manufacture de fer étamé et de cuivre. J'ai épousé la fille d'un riche négociant en ustensiles nécessaires aux grands et aux petits ; nous travaillons beaucoup ; Dieu nous bénit ; nous n'avons point changé d'état, nous sommes heureux, nous aiderons notre ami Jeannot. Ne sois plus marquis ; toutes les grandeurs de ce monde ne valent pas un bon ami. Tu reviendras avec moi au pays, je t'apprendrai le métier, il n'est pas bien difficile ; je te mettrai de part[1], et nous vivrons gaiement dans le coin de terre où nous sommes nés. »

Jeannot, éperdu, se sentait partagé entre la douleur et la joie, la tendresse et la honte ; et il se disait tout bas : « Tous mes amis du bel air m'ont trahi, et Colin que j'ai méprisé vient seul à mon secours. Quelle instruction ! » La bonté d'âme de Colin développa dans le cœur de Jeannot le germe du bon naturel, que le monde n'avait pas encore étouffé. Il sentit qu'il ne pouvait abandonner son père et sa mère. « Nous aurons soin de ta mère, dit Colin ; et quant à ton bonhomme de père, qui est en prison, j'entends un peu les affaires ; ses créanciers, voyant qu'il n'a plus rien, s'accommoderont pour peu de chose ; je me charge de tout. » Colin fit tant qu'il tira le père de prison. Jeannot retourna dans sa patrie avec ses parents, qui reprirent

1. **Mettre de part :** associer.

leur première profession. Il épousa une sœur de Colin, laquelle, étant de même humeur que le frère, le rendit très heureux. Et Jeannot le père, et Jeannotte la mère, et Jeannot le fils, virent que le bonheur n'est pas dans la vanité.

« NOUS VIVRONS GAIEMENT » : L'UTOPIE PAYSANNE

REPÈRES

1. Comment le dénouement est-il relié au passage précédent ?
2. Donnez un titre à ce passage.

OBSERVATION

3. Relevez toutes les formules qui pourraient servir de morales à ce conte. Laquelle s'accorde le plus avec l'ensemble du récit ?
4. Analysez le jeu des regards dans le premier paragraphe de cet extrait. Quel commentaire pouvez-vous en faire ?
5. Quelles sont les caractéristiques de ce couple de paysans ?
6. Analysez les réactions successives de Jeannot ; qu'est-on amené à éprouver envers lui ?
7. Colin est-il « philosophe » ? Commentez ses paroles et son attitude.
8. Commentez le portrait physique des deux paysans.
9. Comment le conteur parvient-il à toucher la sensibilité de son lecteur ?
10. Le conteur a-t-il totalement abandonné la veine humoristique ? Appuyez votre réponse sur des exemples précis.
11. Confrontez le dénouement à la première partie du conte : s'agit-il d'une simple résolution, avec retour à la situation initiale ?

INTERPRÉTATIONS

12. Était-ce le dénouement le plus vraisemblable ?
13. Définissez l'expression « bon naturel ».

14. Quelle leçon sociale Voltaire livre-t-il à ses lecteurs ? Quelle pourrait être sa signification aujourd'hui ?
15. La vision que Voltaire donne du travail de la terre est-elle coupée de la réalité ? Mettez en relation ce passage et ce que vous connaissez de la vie de Voltaire dans les années 1764.
16. Quels autres écrivains, à votre connaissance, ont fait, eux aussi, l'éloge de la simplicité et de l'honnêteté paysannes ?

DE LA LECTURE À L'ÉCRITURE

17. Sur quelles valeurs repose le bonheur de Colin ? Rédigez un petit texte où vous exposerez, à votre tour, les éléments indispensables selon vous au bonheur.
18. Ce conte est proche d'une fable par sa morale : récrivez-le à la manière de La Fontaine, en remplaçant les personnages par des animaux.
19. Jeannot a compris que ses parents ne lui ont « rien appris » et qu'ils sont « la première cause de [s]on malheur » : il décide de construire une école à la campagne… Imaginez la suite.

Au XVIIIe siècle, toute une société mondaine et cultivée se demande si la civilisation n'est pas un obstacle aux sentiments purs, et si l'amitié est encore possible dans un univers policé, tissé de relations d'intérêt ; pour beaucoup, la simplicité paysanne apparaît comme un modèle de ce qu'était l'homme avant que la civilisation ne le transforme. Entourée des prestiges de ce qui est inconnu, la société campagnarde s'auréole encore des rêveries sur la nature : ce qui est naturel paraît spontané, le primitif semble pur…

Dans ce contexte, l'amitié des campagnards a des chances d'être plus sincère parce qu'elle semble plus proche des liens originels qui ont rendu possibles la croissance et la survie de l'humanité. En effet, l'amitié dans la société civilisée est liée à la vanité et chacun des amis parisiens de Jeannot illustre une forme de tromperie. La « jeune veuve de qualité » par exemple devient « la meilleure amie » des parents de Jeannot pour mieux « mettre en sûreté les grands biens de M. et de Mme de la Jeannotière ».

Au contraire, c'est le besoin qu'ont les gens de vivre ensemble et de faire fructifier leur bien commun qui inspire l'amitié des gens de la campagne. Plus généralement, c'est le peuple qu'Helvétius suppose plus sincère : « les Infortunés sont en général les amis les plus tendres : l'amitié suppose un besoin ; plus ce besoin sera vif, plus l'amitié sera forte ». (*De l'esprit*, discours III, chapitre 14 « De l'amitié »). Diderot développe aussi l'idée que l'amitié des pauvres n'est pas dénaturée par l'esprit de propriété ; cependant, il refuse toute idylle mythique coupée de la réalité économique. Pour lui, le pauvre n'est pas libre parce qu'il est dans le besoin. La vision de Voltaire est encore différente ; l'effort que demande le travail de la terre et la solidarité qu'entraîne la nécessité du commerce fondent selon lui la force des liens sociaux. Dans *Le Dictionnaire philosophique*, il définit même l'amitié comme « un contrat tacite entre deux personnes sensibles et

vertueuses ». La pauvreté de Colin serait-elle la cause de sa plus grande tendresse, par opposition à la vanité du jeune riche qui « se regarde au miroir » ?
Mais Colin est surtout resté fidèle à Jeannot parce qu'il est « tendre ». Quand il le retrouve, il n'a pas besoin de lui ; c'est donc sa spontanéité de cœur qui fait la force de l'amitié qu'il porte à Colin, et cette spontanéité est à rapporter à l'innocence de l'enfance partagée. Voltaire, à soixante-dix ans, évoque sans doute ici l'amitié qui le lia à des Grands, rencontrés au collège Louis-le-Grand ; à la fois message de confiance – il faut croire à la force de l'amitié – et leçon de prudence, ce petit conte est une confidence : il faut protéger des attaques de la vanité l'amitié née des « petites familiarités » de l'enfance.

Quelle est la morale du conte ? « Le bonheur n'est pas dans la vanité », autrement dit pas dans les réalités éphémères et matérielles comme la richesse ou la gloire. Morale classique, qui rattache davantage Voltaire au siècle précédent qu'au sien, qui vit naître le genre du conte moral. Marmontel, qui le mit à la mode en 1758, exploite la veine sentimentale des relations familiales qui font aussi la matière des drames de Diderot, pour exposer une morale simple et dégagée de toute signification philosophique. S'il n'en est pas exactement l'inventeur (on le doit à Voisenon en 1755), il est le plus notable représentant de ce genre dont la production explose dans les années 1760-1770.

Voltaire, qui avait suivi avec intérêt la carrière littéraire de Marmontel et l'avait accueilli aux Délices en 1760, joue donc avec cette forme à la mode, très codifiée, dont les lieux communs sont très facilement reconnaissables : réalisme social tout entier tourné vers la prédication ; opposition tranchée du bien et du mal ; histoire centrée sur quelques individus, c'est-à-dire sans message social général ; morale simple, tournée vers l'utilité publique, le travail, le « juste milieu ». Tous ces éléments, Voltaire les reprend : Colin illustre l'idéal du négociant utile à sa famille et à sa patrie, aussi honnête en affaires qu'époux et ami fidèle, tandis que les Parisiens rencontrés par la famille de Jeannot sont des figures attendues de la prétention et de la vanité. Tous ces rapprochements font du conte de Voltaire une reprise du conte de Marmontel, *L'École des pères*, paru en 1761...

Mais c'est sans compter avec le changement d'éclairage : Colin, ce « petit homme rebondi », est trop réaliste pour être idéal, et Voltaire, envers les Parisiens vaniteux, n'en reste pas à une réprobation vague. Éliminant les discours sentencieux qui scandent le conte moral, il précise ses attaques et donne à ces personnages secondaires une importance accrue. La partie centrale est en soi une petite comédie, où le thème de l'utilité est repris ironiquement : les parents de Jeannot se demandent ce qu'il faut apprendre à « M. le marquis », non pas pour qu'il exerce un métier utile proprement dit, mais pour qu'il « puisse briller dans l'occasion ».

Alors que les contes moraux de Marmontel ou de Voisenon ne supportent pas la légèreté ou l'humour, *Jeannot et Colin* multiplie les clins d'œil, depuis les « chaudrons » de la première ligne du texte (qui n'ont jamais été une spécialité d'Issoire !), jusqu'aux malicieuses remarques sur le physique de ses personnages, « fort jolis pour des Auvergnats ». Par ce ton ironique qui sape le propos sentencieux, le conte devient une forme de « subversion du conte moral » selon les termes de C. Mervaud.

Le message de Colin s'est ainsi défait de tout idéalisme ; réaliste, il sait fort bien quelle place lui est réservée dans la société, et le bonheur qu'il s'est construit est modeste. Voltaire fait moins l'éloge de sa modération que de sa lucidité et de sa vigilance critique, qui l'ont fait se garder des mensonges de la société et se protéger dans « une bonne manufacture de fer étamé et de cuivre », forme moderne et industrieuse du jardin de Candide. Ainsi, si le conte est construit comme un apologue, c'est pour faire éclater de l'intérieur l'insuffisance d'une morale simpliste ; face à la société telle qu'elle est, l'homme n'a d'autre solution que de laisser aller « le monde comme il va ».

Voltaire ne passe guère pour un sentimental dans ses écrits ; maître de l'ironie, de la satire, il semble avare de confidences personnelles ou d'épanchements sentimentaux. Son goût classique en matière de littérature le rend de surcroît assez imperméable à l'influence du roman anglais, dans lequel les développements sentimentaux n'ont d'égal que le nombre des aventures et des rebondissements. « Écrivain heureux » selon Barthes, Voltaire n'aurait pas éprouvé le besoin d'exprimer les peines du cœur... Mais ce qu'on peut lire dans ses *Carnets* ou sa *Correspondance*, sa révolte parfois désespérée contre le malheur des hommes révèlent une sensibilité à fleur de peau : Voltaire refuse seulement le mode d'expression pathétique des sentiments, préférant adopter un point de vue critique, cherchant en « philosophe » à vivre le plus heureux possible...

Cependant, ses derniers contes utilisent un registre proche de celui du roman sensible. Peut-être que, l'âge aidant, Voltaire a été plus tenté de se laisser aller à l'attendrissement, face à la jeunesse de l'Ingénu ou à la naïveté de Jeannot. Les personnages de Voltaire ne nous apitoient pas sur leur sort par des paroles ou des plaintes, ils nous émeuvent parce qu'ils éprouvent dans leur chair la dureté des malheurs qu'ils rencontrent. Jeannot ne fait pas que voir la trahison de sa fiancée et de ses amis ; son père est emprisonné, sa mère réduite à être la femme de chambre de celle qui aurait dû être sa belle-fille, et lui est « prêt à s'évanouir ». Les souffrances des personnages sont concrètes, et on peut rappeler celle de Memnon, qui devient borgne et ruiné en une même journée... Ainsi, c'est par le récit lui-même que le narrateur fait naître l'émotion, pas par ses commentaires. À nous lecteurs de comprendre à quel point les malheurs des personnages nous guettent, nous aussi.

L'atmosphère sensible du récit confère aux malheurs de Colin puis de Jeannot un caractère encore plus touchant :

Colin souffre d'abord parce qu'il est tendre ; il pleure, il est « malade de douleur ». Jeannot souffre parce qu'il se laisse séduire par la mondanité ; « immobile, abîmé dans sa douleur », il ne souffre pas seulement dans sa vanité. Les deux personnages se retrouvent donc déjà par leur commune sensibilité, avant de se retrouver dans la vie. Leur expérience commune les a fait souffrir dans leur aspiration au bonheur et leur a révélé une « instruction » qui n'est pas exactement celle qu'affiche le conte : il faut protéger l'amitié contre les mensonges de la société, peut-être même se retirer à la campagne pour en jouir plus tranquillement.

Comment lire l'œuvre

La composition

Schémas narratifs

	Le monde comme il va
SITUATION INITIALE	Babouc est dans sa demeure sur le rivage de l'Oxus.
ÉLÉMENT DÉCLENCHEUR	Ituriel envoie Babouc enquêter sur Persépolis.
ACTION ET PÉRIPÉTIES	Enquête de Babouc.
RÉSOLUTION	Babouc décide d'utiliser une statue « composée de tous les métaux » pour symboliser la ville.
SITUATION FINALE	Ituriel ne châtie pas Persépolis : retour à la situation initiale.

Micromégas	*Jeannot et Colin*
Micromégas sur Syrius travaille à ses ouvrages.	Jeannot et Colin vont ensemble à l'école.
Micromégas est banni pour 800 années à cause de son livre.	Jeannot est emmené à Paris par son père qui a fait fortune.
Voyage de Micromégas.	De la réussite à la déchéance.
Micromégas laisse aux hommes un livre de philosophie où « ils verraient le bout des choses ».	Jeannot rencontre Colin qui court l'embrasser.
Le livre est blanc : « je m'en étais bien douté » ; retour à la situation initiale ? Évolution des hommes ?	Jeannot part vivre à la campagne auprès de Colin et de sa nouvelle épouse : retour heureux à la situation initiale.

La brièveté

Voltaire n'aimait pas les journaux, mais il a écrit une quantité étonnante de textes courts, lettres et articles ; il connaît l'art de l'anecdote et de la courte scène mêlant l'humour à la gravité. La composition ramassée de nos trois contes reste fidèle à un **schéma de renversement, du préjugé vers la « lumière »**. Elle n'interdit pas, cependant, un mouvement plus complexe, qui est de l'ordre de l'ironie : si Micromégas découvre que les hommes, d'abord méprisés, valent quand même quelque chose, c'est pour comprendre, aussitôt après, qu'ils sont fous de métaphysique ; leur « tintamarre » final est soudain clos par la page blanche laissée par Micromégas. De même, *Le monde comme il va* ne suit pas seulement un mouvement ascendant dans la critique de la société, il fait vivre à son personnage l'expérience de la séduction, pour laisser le lecteur seul avec son doute : fallait-il détruire Persépolis ? Notre société peut-elle être corrigée ?

Dans *Jeannot et Colin*, les deux parties du conte, si elles conduisent à la même morale, « le bonheur n'est pas dans la vanité », suivent un mouvement dramatique inversé, afin de construire une antithèse particulièrement nette entre la ville et la campagne, entre la sincérité du paysan et l'hypocrisie des Parisiens.

On a l'impression, à chaque fois, de revenir au point de départ, mais « en connaissance de cause » pourrait-on dire ; comme le dit Roland Barthes, « tel est le paradoxe du voyage voltairien : manifester une immobilité » (art. cit., p. 99).

L'art du conte

L'actualité

Les contes de Voltaire ont ceci de toujours étonnant : qu'ils soient présentés comme des fables inventées avec toute la fantaisie que permettent leurs sources d'inspiration exotiques, ou comme des récits anecdotiques et vraisemblables, ils semblent toujours en prise sur une réalité très concrète. Les travaux historiques de Voltaire, qu'il entreprend dès son exil anglais et qui constituent ses premiers écrits sérieux en prose, l'ont sans doute amené à prendre conscience du mélange de la réalité et de la fiction, du mythe et de la fantaisie au sein de l'Histoire elle-même. Le conte va alors autant **démythifier** (c'est-à-dire déconstruire le mythe, lui ôter son caractère mystérieux) que **démystifier** (c'est-à-dire démasquer un mensonge) la métaphysique, la religion, l'histoire officielle, et jusqu'au roman qui prétend à la vérité du sentiment.

L'ironie

On peut se demander pourquoi un philosophe ennemi du roman et de l'invraisemblance des fables écrit des contes où la fantaisie et la vérité, sociale ou scientifique, se mêlent si intimement. Né de l'impossibilité d'exprimer abstraitement les conflits de l'idéal et de l'expérience, le conte **renvoie dos à dos le réel et le fictif** : il parodie le conte merveilleux et la vie en même temps, ridiculise à la fois les hommes infatués de métaphysique et d'importance, et les romans de la vanité que l'on a trop servis à Jeannot.

L'ironie de Voltaire, c'est un **esprit**, qu'il définit lui-même comme « **l'art ou de réunir deux choses éloignées, ou de diviser deux choses qui paraissaient se** joindre » (*Lettre sur l'esprit*, 1744). Ce qui aboutit nécessairement à montrer le ridicule, ou à faire naître l'émotion, là où on ne s'y attend pas...

La fantaisie

La fantaisie de l'invention est plus **expérimentale** que romanesque : le personnage du conte se révèle une projection de Voltaire-philosophe, à un moment donné, face à une question concrète. Ainsi, entre le *Traité de métaphysique* (1734) et *Micromégas*, seul le support change, non le propos. Voici comment il présente sa démarche dans l'introduction du *Traité* : « Je suppose, par exemple, que né avec la faculté de penser et de sentir que j'ai présentement, et n'ayant point la forme humaine, je descends du globe de Mars ou de Jupiter. Je peux porter **une vue rapide sur tous les siècles, tous les pays, et, par conséquent, sur toutes les sottises de notre petit globe.** »

Le conte apporte à la philosophie une formulation immédiate des contradictions du monde : son invraisemblance en figure l'incohérence, et la gratuité du récit, l'absurdité des événements et des actions des hommes. Quelques courts passages ressortent, comme des saynètes ou des caricatures rapidement dessinées ; scène de comédie dans le salon des Parisiens jouant aux beaux esprits, scène plus grinçante dans l'antichambre du ministre de Persépolis, scène de cacophonie lorsque les philosophes de la Terre se mettent à parler de l'âme et des substances...

L'art de l'allégorie

Comme l'explique Alain Faudemay, le conte voltairien « déconstruit le sens littéral (de la fable, de la superstition, de la métaphysique) en le faisant apparaître comme sens figuré : il met en lumière la figure comme telle ». Il ne s'agit donc pas de « répandre des grâces jusque sur la philosophie », comme le fait Fontenelle (voir le texte cité dans les « Études d'ensemble », page 203), selon Voltaire *(Le Siècle de Louis XIV)*, mais au contraire d'éradiquer le roman qui s'est immiscé dans la philosophie.

L'allégorie ainsi utilisée permet de **mettre à l'épreuve une idée abstraite**, de la confronter à l'expérience racontée dans le conte. Le nom de Micromégas par exemple résume, à la manière du satiriste grec Lucien, le sens intellectuel du conte mais sans ôter au personnage sa dimension imaginaire. Dès le premier paragraphe du conte, l'allégorie du nom de Micromégas fait prévaloir, par la remarque du narrateur, « nom qui convient fort à tous les grands », l'ironie sur l'abstraction philosophique.

Le point de vue philosophique

Les trois contes posent des questions différentes, mais qui ont une source commune : Micromégas se demande si les petits êtres qu'il rencontre sont heureux, et découvre avec effroi qu'ils s'entre-tuent et se disputent pour des choses sans importance ; Babouc pense que les habitants de Persépolis sont les êtres les plus méchants, et découvre qu'ils sont heureux et, mieux encore, qu'il a envie de vivre parmi eux ; quant à Jeannot et Colin, ils suivent des voies différentes pour trouver le bonheur, et l'amitié permet à l'égaré de retrouver la voie du jardin de toutes les paix et de tous les délices...

Au moment où il écrit son conte de *Babouc*, Voltaire lit beaucoup d'ouvrages religieux. L'optimisme exprimé dans le poème du *Mondain* (1736), par exemple, est battu en brèche par l'expérience de la folie des hommes, de la guerre d'abord, de l'oppression des ministres ensuite, et partout, de l'intolérance. Le conte naît ainsi du divorce entre l'idéal et la réalité, et pose une question cruciale : l'homme peut-il **trouver le bonheur malgré le mal qui règne autour de lui** ? Voltaire a beau accepter l'idée que le bien général n'est pas nécessairement la somme des biens particuliers, autrement dit que les maux individuels ne remettent pas en cause l'organisation générale de l'univers, il vivra toujours cette expérience comme une contradiction indépassable.

Les personnages

Des abstractions philosophiques

Les personnages ne sont pas l'objet du conte, ils en sont le **moyen d'expression.** Du plus étranger, Babouc ou Micromégas, au plus familier, Colin, ils viennent interroger nos « sottises humaines ». Ils peuvent être savants comme Micromégas, ou « ingénus » comme Babouc ou Colin, leur philosophie est la même : il faut vivre notre vie humaine sans chercher à outrepasser les limites de la nature, vivre le plus heureux possible en cherchant à satisfaire nos passions naturelles et à éviter le mal autant qu'il est possible. Figures abstraites d'une philosophie qui refuse l'abstraction, les personnages des contes sont dès lors des instruments d'une **réflexion expérimentale.**

Micromégas et le Saturnien, de même que Babouc d'ailleurs, parviennent à être hommes tout en

échappant à la condition humaine : ils permettent donc au conteur de se dédoubler, selon un procédé littéraire qui est aussi une exigence philosophique puisque, comme chez Locke, il s'agit d'acquérir suffisamment de distance pour se prendre soi-même comme objet d'étude.
De là aussi un **accent assez personnel** dans les contes, à la fois dans le ton du narrateur, qui traite son lecteur un peu comme il le ferait d'un correspondant, et dans le caractère du personnage principal, si propice à l'identification : très humain (même quand il est « génie » comme Babouc, ou Sirien !), le personnage est sincère dans sa quête de sens et de bonheur. Voltaire n'a pas écrit d'autobiographie proprement dite : des *Carnets*, une vaste *Correspondance* très riche, trois récits de vie. Nul doute que les contes permettaient une projection imaginaire des questions que l'homme Voltaire se posait.

Des ingénus et des candides

Pour bien voir, il faut être **étranger** : venir de l'espace, d'un autre pays, d'un autre monde... ou de la campagne. Le regard de Micromégas, de Babouc et de Colin est toujours pur et sans préjugés. Sincère, le personnage n'est pas toujours également naïf : si Babouc est visiblement inexpérimenté, si Colin ne comprend pas ce qui arrive à son amitié, Micromégas est déjà un philosophe aguerri quand il arrive sur la Terre. Pourtant, sa science ne lui fait préjuger de rien, contrairement à son compagnon saturnien, image des savants trop sûrs d'eux. Voltaire, en empruntant leur point de vue, reprend bien sûr le procédé utilisé par Montesquieu dans les

Lettres persanes : l'étranger perçoit toutes les contradictions et les absurdités du monde qu'il vient observer. Mais la composition du récit apparente l'examen du personnage à une expérience, un **apprentissage** à l'issue duquel le personnage acquiert encore un peu plus de philosophie. Entre les mains du conteur, le personnage est un instrument d'enquête : il suffit ensuite à « l'historien » de « raconter ingénument comment la chose se passa » (*Micromégas*, chapitre 4) pour que le lecteur ait la sensation de vivre la même expérience et apprenne à comprendre un peu mieux le monde et les hommes. Naïfs ou savants, les personnages sont ainsi confrontés aux questions les plus difficiles de la vie ; l'échec auquel les conduit l'expérience les pousse à **rechercher une issue**, une solution, plus ou moins satisfaisante, mais toujours en accord avec leur idéal initial. Les dialogues jouent le rôle d'étapes dans cet apprentissage ; moins réaliste que chez Diderot, car plus philosophique, le dialogue confronte ici les points de vue, dans une dialectique de l'inquiétude et de la certitude : ce sont les effrois successifs de Jeannot suivis du discours consolant de Colin, les conversations des voyageurs sidéraux, les rencontres entre Babouc et les habitants de Persépolis.

Rôles et fonctions des personnages dans le récit

Si l'on considère les personnages non plus par leurs caractères propres, leur psychologie, mais par rapport à l'action même du récit, on envisage la fonction qu'ils y remplissent : on construit alors un « **schéma actan-**

ciel », qui comprend traditionnellement six fonctions. Le personnage qui désire atteindre un but ou ***objet*** se trouve en position de ***sujet*** ; il peut y être poussé par un autre personnage, qui joue le rôle de ***destinateur*** de l'action ; le ***destinataire*** désigne le personnage auquel profite l'action, ou bien celui à qui elle est destinée. Lorsque le sujet entre en action, il rencontre des obstacles ou au contraire des soutiens : les personnages qui remplissent ces rôles sont respectivement appelés les ***opposants*** et les ***adjuvants***.
Ces rôles peuvent aussi être joués par des objets ou par tout autre élément du récit ; quand ils sont représentés (plus ou moins explicitement) dans le récit, le narrateur et le lecteur peuvent également apparaître dans ce schéma actanciel.
Essayons d'identifier ces fonctions dans les trois contes :

• *Le monde comme il va*

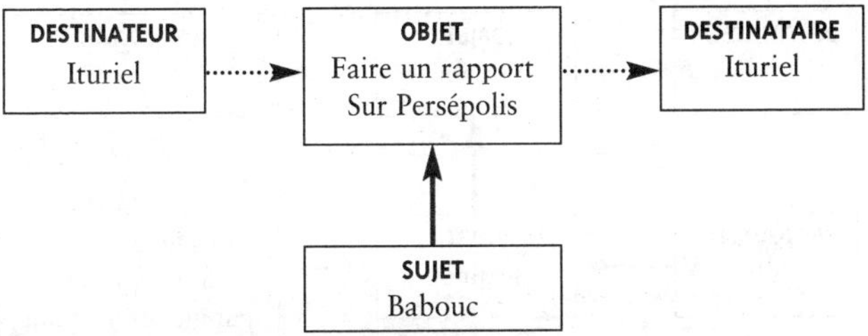

Tous les personnages rencontrés par Babouc sont des *adjuvants* puisqu'ils concourent à son enquête.

• *Micromégas*

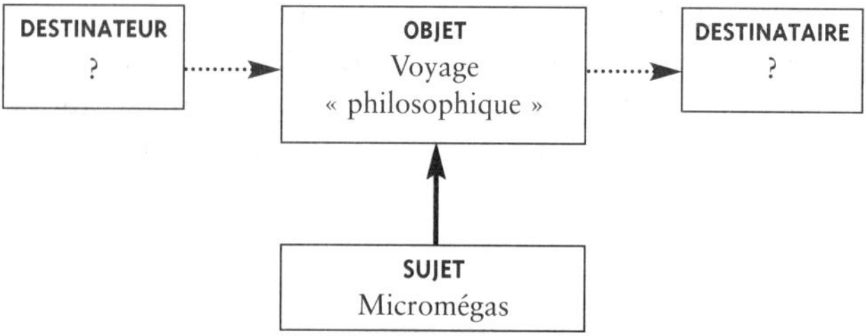

Les points d'interrogation renvoient au fait qu'il est bien difficile de déterminer ce qui suscite l'action : est-ce le bannissement, ou le simple désir de Micromégas ? De même, à qui profite ce voyage : aux hommes ou à Micromégas lui-même ? Le Saturnien peut apparaître comme un adjuvant à ce voyage, malgré les erreurs qu'il commet.

• *Jeannot et Colin*

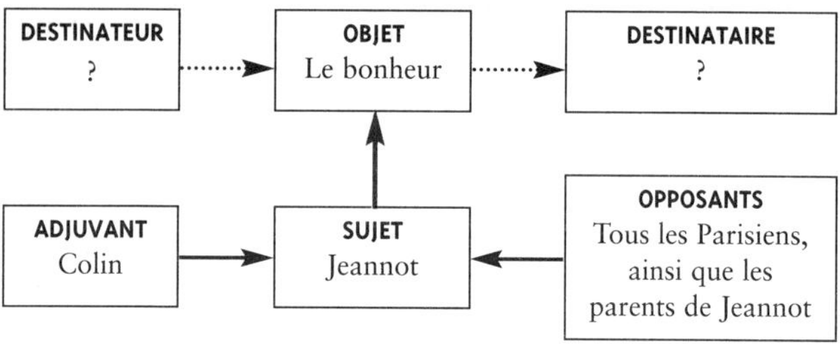

Même incertitude, mais cette fois le cadre du conte moral permet d'identifier le destinateur comme étant le conteur lui-même, lequel cherche à faire réfléchir son lecteur sur la morale du conte.

En fait, on s'aperçoit que la forme du conte philosophique fait du **lecteur le principal destinataire du texte**, sous des figures différentes : il est Ituriel qui doit saisir le symbole présenté par Babouc, il est à la fois Micromégas qui apprend à écrire un « livre blanc » et les hommes qui apprennent à s'en satisfaire ; il est enfin, et plus explicitement, le lecteur du « conte moral » de *Jeannot et Colin.* Dans tous les cas, **le conteur est le véritable destinateur de l'action** : il envoie ses personnages enquêter, qui sur le bien ou le mal d'une société « civilisée », qui sur la connaissance des hommes, qui sur les valeurs qui permettent d'accéder au bonheur.

La vanité de la société mondaine

Voltaire écrit, dans ses *Pensées sur l'homme*, que « le monde est rempli d'automates qui ne méritent pas qu'on leur parle ». Lui qui avait tout ce qu'il faut pour devenir un écrivain adulé – le talent de plaire, l'esprit, le goût classique – semble avoir été toujours déçu par les Grands : depuis l'injustice de la bâtonnade du chevalier de Rohan, jusqu'à l'amitié finalement décevante avec Frédéric II, en passant par la fragilité de la faveur royale (un mot de trop au jeu de la reine a suffi pour provoquer sa disgrâce en 1747)... Démasquer les tromperies, dénoncer les supercheries, détruire un à un tous les prétextes de la vanité humaine, tel est l'enjeu principal de nombre de ses textes. Dans la tradition des satires de la mondanité, *Jeannot et Colin* reprend des thèmes chers à Molière, et *Le monde comme il va* le procédé très ancien du « voyage imaginaire », qui soumet à un regard étranger les absurdités et les contradictions de la société. Le modèle le plus proche de Voltaire, dans le temps et l'inspiration, est Swift, que Voltaire louait d'être un nouveau « Rabelais sans fatras ».

Mais la satire voltairienne ne simplifie pas les antagonismes et **n'offre pas de modèle idéal** : Colin fait sourire avec son ventre rebondi et sa femme « grossièrement agréable » n'est guère plus réjouissante que Cunégonde, si laide et si vieille dans le jardin de Candide... Nos contes n'apportent pas de solution, ils ne font que consoler, tant bien que mal, des injustices de la destinée. Ainsi Persépolis n'est-elle ni détruite ni corrigée, car, à tout prendre, elle cache autant de merveilles qu'elle affiche de bizarreries révoltantes.

Correspondances

Deux provinciales, Magdelon et Cathos, veulent être aimées dans les formes ; elles ont éconduit des amants trop communs, coupables d'avoir parlé mariage ! L'un d'eux, La Grange, décide de se venger avec l'aide de son valet Mascarille, qui va se faire passer pour un « bel esprit ».

MASCARILLE, *après s'être peigné et avoir ajusté ses canons*[1]. Eh bien, Mesdames, que dites-vous de Paris ?
MAGDELON. Hélas ! qu'en pourrions-nous dire ? Il faudrait être l'antipode de la raison, pour ne pas confesser que Paris est le grand bureau des merveilles, le centre du bon goût, du bel esprit et de la galanterie.
MASCARILLE. Pour moi, je tiens que hors de Paris, il n'y a point de salut pour les honnêtes gens.
CATHOS. C'est une vérité incontestable.
MASCARILLE. Il y fait un peu crotté ; mais nous avons la chaise.
MAGDELON. Il est vrai que la chaise est un retranchement merveilleux. contre les insultes de la boue et du mauvais temps.
MASCARILLE. Vous recevez beaucoup de visites : quel bel esprit est des vôtres ?

1. **Canon** : demi-bas qui allait des cuisses jusqu'à la moitié des jambes, terminé le plus souvent par un ornement de dentelle.

MAGDELON. Hélas ! nous ne sommes pas encore connues ; mais nous sommes en passe de l'être, et nous avons une amie parti-culière qui nous a promis d'amener ici tous ces Messieurs du *Recueil des pièces choisies*.
CATHOS. Et certains autres qu'on nous a nommés aussi pour être les arbitres souverains des belles choses.
MASCARILLE. C'est moi qui ferai votre affaire mieux que personne : ils me rendent tous visite ; et je puis dire que je ne me lève jamais sans une demi-douzaine de beaux esprits.
MAGDELON. Eh ! mon Dieu, nous vous serons obligées de la dernière obligation, si vous nous faites cette amitié ; car enfin il faut avoir la connaissance de tous ces Messieurs-là, si l'on veut être du beau monde. Ce sont eux qui donnent le branle[1] à la réputation dans Paris, et vous savez qu'il y en a tel dont il ne faut que la seule fréquentation pour vous donner bruit de connaisseuse, quand il n'y aurait rien autre chose que cela. Mais pour moi, ce que je considère particulièrement, c'est que, par le moyen de ces visites spirituelles, on est instruite de cent choses qu'il faut savoir de nécessité, et qui sont de l'essence d'un bel esprit. On apprend par là chaque jour les petites nouvelles galantes, les jolis commerces de prose et de vers. On sait à point nommé : « Un tel a composé la plus jolie pièce du monde sur un tel sujet ; une telle a fait des paroles sur un tel air ; celui-ci a fait un madrigal[1] sur une jouissance ; celui-là a composé des stances sur une infidélité ; Monsieur un tel écrivit hier au soir un sixain à Mademoiselle une telle, dont elle lui a envoyé la réponse ce matin sur les huit heures ; un tel auteur a fait un tel dessein[2] ; celui-là en est à la troisième partie de son roman ; cet autre met ses ouvrages sous la presse. » C'est là ce qui vous fait valoir dans les compagnies ; et si l'on ignore ces choses, je ne donnerais pas un clou de tout l'esprit qu'on peut avoir.

Molière, *Les Précieuses ridicules*, scène 9, 1659.

1. **Donnent le branle :** donnent l'impulsion.

La nature

Face à la corruption, à « l'air vicié » des villes, la nature offre un havre de paix, et les préoccupations des hommes du XVIIIe siècle paraissent bien proches, parfois, de notre souci écologique, comme en témoigne le texte de Voltaire, *Des embellissements de la ville de Paris*, de 1749, ou l'extrait proposé ci-après de Louis Sébastien Mercier. Cette opposition entre la civilisation urbaine et policée de la ville et la simplicité rustique du paysan refuse le mythe de l'homme naturel comme celui d'un Éden perdu. Dans l'*Ingénu* par exemple, la rusticité du personnage donne lieu à de savoureuses scènes comiques. Voltaire dévalorise sans cesse le primitivisme et raille le « bon sauvage » de Rousseau. **La vision de la campagne est dénuée de tout idéalisme**, pour la simple raison que Voltaire la connaît bien. Quand il écrit ce conte, il s'occupe activement de son domaine de Ferney, dont il est le « patriarche » ; comme le montre la réussite de Colin, le monde agricole n'est pas un paradis pour le repos des hommes, mais un lieu actif, où le travail, utile à la fois à la nation et à celui qui l'exerce, est la valeur centrale. L'éloge de l'agriculture, dans les *Questions sur l'Encyclopédie*, se trouve ainsi lié aux considérations économiques ; elle est en effet « la mère de tous les arts et de tous les biens », soit d'un côté la peinture et la poésie, de l'autre le commerce et la prospérité.
Mais la nature permet aussi un autre bonheur, celui du **savant qui se laisse séduire par ses merveilles**. Le

1. **Madrigal** : petite pièce de vers, tendre et galante.
2. **Dessein** : plan d'un ouvrage.

microscope ouvre un monde nouveau, et comme l'écrit Maupertuis dans sa *Lettre sur le progrès des sciences*, « les observations microscopiques de M. de Buffon et de M. Néedham nous ont découvert une nouvelle nature et semblent nous mettre en droit d'espérer bien de nouvelles merveilles ». Zadig est également plein d'espoir lorsqu'il dit : « Rien n'est plus heureux qu'un philosophe qui lit dans ce grand livre que Dieu a mis sous nos yeux » (*Zadig*, 3 : « Le chien et le cheval »), même s'il l'est moins à la fin du chapitre quand il voit « combien il [est] dangereux quelquefois d'être trop savant »... Voltaire voit dans l'étude des *Singularités de la nature* (1768) une voie de sagesse et de plaisir. Les textes qui suivent, de Buffon et de Louis Sébastien Mercier, illustrent ces deux aspects de la nature au XVIIIe siècle.

Correspondances

1

« De tous les êtres animés, voici le plus élégant pour la forme et le plus brillant pour les couleurs. Les pierres et les métaux polis par notre art ne sont pas comparables à ce bijou de la nature ; elle l'a placé dans l'ordre des oiseaux, au dernier degré de l'échelle de grandeur, *maxime miranda in minimis* ; son chef-d'œuvre est le petit oiseau-mouche ; elle l'a comblé de tous les dons qu'elle n'a fait que partager aux autres oiseaux : légèreté, rapidité, prestesse, grâce et riche parure, tout appartient à ce petit favori. L'émeraude, le rubis, la topaze, brillent sur tous ses habits ; il ne les souille jamais de la poussière de la terre, et dans sa vie tout aérienne on le voit à peine toucher le gazon par instants ; il est toujours en l'air, volant de fleurs en fleurs ; il a leur fraîcheur comme il a leur éclat : il vit de leur nectar et n'habite que les climats où sans cesse elles se renouvellent…

Rien n'égale la vivacité de ces petits oiseaux, si ce n'est leur courage, ou plutôt leur audace. On les voit poursuivre avec furie des oiseaux vingt fois plus gros qu'eux, s'attacher à leur corps, et, se laissant emporter par leur vol, les becqueter à coups redoublés jusqu'à ce qu'ils aient assouvi leur petite colère. Quelquefois même ils se livrent entre eux des très vifs combats ; l'impatience paraît être leur âme ; s'ils s'approchent d'une fleur et qu'ils la trouvent fanée, ils lui arrachent les pétales avec une précipitation qui marque leur dépit. Ils n'ont point d'autre voix qu'un petit cri, *screp, screp*, fréquent et répété ; ils le font entendre dans les bois dès l'aurore, jusqu'à ce qu'aux premiers rayons du soleil tous prennent l'essor et se dispersent dans les campagnes. »

Georges Louis Leclerc de Buffon, *Histoire naturelle*, VI, « Des oiseaux », 1779.

2

La description de Paris est très concrète ; il faut rapprocher l'évocation de la pratique d'enterrer les morts dans les églises de l'étonnement de l'envoyé d'Ituriel : « Quoi ? s'écria Babouc, ces peuples enterrent leurs morts dans les mêmes lieux où ils adorent la Divinité ! »

« Dès que l'air ne contribue plus à la conservation de la santé, il tue ; mais la santé est le bien sur lequel l'homme se montre le plus indifférent. Des rues étroites et mal percées, des maisons trop hautes et qui interrompent la libre circulation de l'air, des boucheries, des poissonneries, des égouts, des cimetières, font que l'atmosphère se corrompt, se charge de particules impures, et que cet air renfermé devient pesant et d'une influence maligne.
Les maisons d'une hauteur démesurée sont cause que les habitants du rez-de-chaussée et du premier étage sont encore dans une espèce d'obscurité lorsque le soleil est au plus haut point de son élévation.
Les maisons élevées sur les ponts, outre l'aspect hideux qu'elles présentent, empêchent le courant d'air de traverser la ville d'un bout à l'autre et d'emporter avec les vapeurs de la Seine tout l'air corrompu des rues qui aboutissent aux quais.
Lorsque le citoyen veut, les fêtes et les dimanches, respirer l'air pur de la campagne, à peine a-t-il mis le pied hors des barrières qu'il trouve les exhalaisons infectes qui sortent des *gadoues* et autres immondices : elles couvrent les campagnes à une demi-lieue de la capitale. Ses promenades sont infectées, parce qu'on n'a pas eu l'attention de porter les boues un peu plus loin : les beaux boulevards s'en ressentent et perdent ainsi leur agrément. Aucun soin paternel ne veille à dédommager le citadin de ses fatigues journalières et de l'argent qu'il donne. [...]

L'odeur cadavéreuse se fait sentir dans presque toutes les églises ; de là l'éloignement de beaucoup de personnes qui ne veulent plus y mettre le pied. Le vœu des citoyens, les arrêts du parlement, les réclamations, tout a été inutile : les exhalaisons sépulcrales continuent à empoisonner les fidèles. On prétend néanmoins que l'on prend une odeur de moisi ou de cave qui règne dans ces amas énormes de pierres pour une odeur de mort. L'on m'a certifié que les cadavres sont transportés dans les cimetières la nuit qui suit l'enterrement, et qu'il n'en reste pas un seul dans les caveaux des églises, à moins qu'ils ne soient murés ; distinction rarement accordée. Mais enfin ces vingt mille cadavres ne sortent point de la capitale ; et quand on songe que dans le cimetière des Innocents on enterre des morts depuis mille ans, que l'on n'attend pas que la terre ait achevé de consumer ces déplorables restes, l'imagination révoltée repousse les tableaux qui viennent l'assaillir. »

Louis Sébastien Mercier, *Tableau de Paris*, t.1, 1788.

Un lieu où il ferait bon vivre…

« Il faut n'être jamais ni satisfait ni inquiet : cela est difficile. », confie Voltaire dans ses *Carnets*. Le bonheur est peut-être l'unique but de la philosophie, le seul envers du mal et sa seule alternative. Mais qu'est-ce qui rend le plus heureux ? S'il est facile d'éliminer la vanité qui a perdu Jeannot et ses parents, s'il est aisé de préférer comme le Saturnien le voyage à une maîtresse qui débite des plaintes conventionnelles, il l'est moins de choisir entre l'art de vivre de Micromégas et celui de Colin…

Micromégas associe le bonheur à l'immatérialité : la petitesse et la légèreté des terriens lui font croire qu'ils sont plus heureux, mais ils ont vite fait de le détromper. Le nombre de sens sera-t-il plus décisif ? Plus nombreux, ils apportent certes plus de bonheur, mais c'est pour engendrer toujours de nouvelles frustrations. On peut rapprocher ce passage de la méditation que fait Diderot sur le bonheur de l'aveugle, dans sa *Lettre sur les aveugles* (1749).

Il est donc aussi fou de vouloir être parfaitement sage (Memnon, devenu borgne et pauvre, en sait quelque chose !) que de vouloir être parfaitement heureux : comme l'explique à Memnon son génie philosophe : « il y a un lieu où tout cela se trouve ; mais dans les cent mille millions de mondes qui sont dispersés dans l'étendue, tout se suit par degrés. On a moins de sagesse et de plaisir dans le second que dans le premier, moins dans le troisième que dans le second ». Ce qui est sûr, c'est que la Terre n'est pas très bien placée dans cette série... Lui – est-ce une coïncidence ? – habite « une petite étoile auprès de Sirius ». Micromégas, voisin de ce génie, semble plus proche de la félicité et de la sagesse que le Saturnien, et lui-même l'est plus que ces hommes échoués sur le rivage, déchirés de querelles métaphysiques. Mais, exilé et interdit d'écrire, Micromégas est-il vraiment heureux ? S'il n'est que « médiocrement affligé d'être banni d'une cour qui n'était remplie que de tracasseries et de petitesses », il lui faudra bien y retourner, à l'instar de Voltaire... Tous ces détails vivants montrent que la réflexion de Voltaire est toujours concrète, comme le souligne son article « Bonheur » pour l'*Encyclopédie*, où il se montre agacé par les théories qui se multiplient à son époque.

Ces trois contes permettent de saisir les **variations d'humeur** de Voltaire, tour à tour optimiste et confiant en l'homme, ou au contraire plein de ressentiment, désabusé à la fois des sciences, des hommes et de l'amour. Le jardin de Colin, à l'image de son Ferney prospère et enjoué, est-il le seul lieu où l'on peut être heureux ? On peut, à lire *Candide*, en douter. Néanmoins, nos trois personnages trouvent effectivement le bonheur, Babouc par l'amour et la société choisie, Micromégas par la connaissance, Jeannot par la simplicité.

Correspondances

1

Mme du Deffand a tenu l'un des plus célèbres et des plus brillants salons de son temps (1740-1780). Devenue aveugle en 1754, elle ne cessa de partager avec ses correspondants (Horace Walpole, Voltaire, etc.) ses raisons de désespérer de la vie. Voltaire, plein de respect pour cette grande dame et femme de lettres, utilise tour à tour la tendresse et l'humour.

« Cette vie est un combat perpétuel, et la philosophie est le seul emplâtre qu'on puisse mettre sur les blessures qu'on reçoit de tous côtés ; elle ne guérit pas, mais elle console, et c'est beaucoup. Il y a encore un autre secret, c'est de lire les gazettes. Quand on voit, par exemple, que le prince Ivan a été empereur à l'âge d'un an, qu'il a été vingt-quatre ans en prison, et qu'au bout de ce temps-là il est mort de huit coups de poignard, la philosophie trouve là de bonnes réflexions à faire, et elle nous dit alors, que nous devons être heureux de tous les maux qui ne nous arrivent pas, comme la maîtresse de l'avare est riche de tout ce qu'elle ne dépense point. Je cherche encore un autre secret, c'est celui de digérer. Vous voyez, Madame, que je me bats les flancs pour trouver le moyen d'être le moins malheureux qu'il me soit possible ; car pour le mot d'être heureux, il ne paraît guère fait que pour les romans. Je souhaiterais passionnément que ce mot vous convînt.

Il y a peut-être un état assez agréable dans le monde, c'est celui d'imbécile, mais il n'y a pas moyen de vous proposer cette manière ; vous êtes trop éloignée de cette sorte de félicité. »

Lettre de Voltaire à Mme du Deffand, 3 octobre 1746.

2

Un philosophe austère, et né dans la Scythie,
Se proposant de suivre une plus douce vie,
Voyagea chez les Grecs, et vit en certains lieux
Un sage assez semblable au vieillard de Virgile[1],
Homme égalant les rois, homme approchant des dieux,
Et, comme ces derniers, satisfait et tranquille.
Son bonheur consistait aux beautés d'un jardin.
Le Scythe l'y trouva, qui la serpe à la main,
De ses arbres à fruits retranchait l'inutile,
Ébranchait, émondait, ôtait ceci, cela,
        Corrigeant partout la nature,
Excessive à payer ses soins avec usure.
        Le Scythe alors lui demanda
Pourquoi cette ruine. Était-il d'homme sage
De mutiler ainsi ces pauvres habitants ?
« Quittez-moi votre serpe, instrument de dommage ;
        Laissez agir la faux du temps :
Ils iront aussitôt border le noir rivage.
— J'ôte le superflu, dit l'autre, et, l'abattant,
        Le reste en profite d'autant. »

1. *Géorgiques*, livre IV, vers 125 et suivants.

Le Scythe, retourné dans sa triste demeure
Prend la serpe à son tour, coupe et taille à toute heure ;
Conseille à ses voisins, prescrit à ses amis,
Un universel abatis.
Il ôte de chez lui les branches les plus belles,
Il tronque son verger contre toute raison,
Sans observer temps ni saison,
Lunes ni vieilles ni nouvelles.
Tout languit et tout meurt. Ce Scythe exprime bien
Un indiscret stoïcien.
Celui-ci retranche de l'âme
Désirs et passions, le bon et le mauvais.
Jusqu'aux plus innocents souhaits.
Contre de telles gens, quant à moi, je réclame.
Ils ôtent à nos cœurs le principal ressort :
Ils font cesser de vivre avant que l'on soit mort.

La Fontaine, fable XII, 20, « Le philosophe scythe », 1694.

3

Cet article pose le problème en termes encore plus concrets que celui intitulé « Bonheur » où Voltaire confronte surtout les différentes théories du bonheur.

« [...] On demande s'il y a une condition plus *heureuse* qu'une autre, si l'homme en général est plus heureux que la femme ; il faudrait avoir été homme et femme comme Tirésias[1] et Iphis pour décider cette question ; encore faudrait-il avoir vécu dans toutes les conditions avec un esprit également propre à chacune ; et il faudrait avoir passé par tous les états possibles de l'homme et de la

1. **Tirésias :** Dans la mythologie grecque, devin aveugle dont une légende raconte qu'il fut transformé en femme pour avoir tué la femelle d'un couple de serpents en train de s'unir.

femme pour en juger.

On demande encore si de deux hommes l'un est plus *heureux* que l'autre ; il est bien clair que celui qui a la pierre et la goutte, qui perd son bien, son honneur, sa femme et ses enfants, et qui a été condamné à être pendu immédiatement après avoir été taillé[1], est moins *heureux* dans ce monde, à tout prendre, qu'un jeune sultan vigoureux, ou que le savetier de La Fontaine[2].

Mais si on veut savoir lequel est le plus *heureux* de deux hommes également sains, également riches, et d'une condition égale, il est clair que c'est leur humeur qui en décide. Le plus modéré, le moins inquiet, et en même temps le plus sensible, est le plus *heureux* ; mais *malheureusement* le plus sensible est toujours le moins modéré : ce n'est pas notre condition, c'est la trempe de notre âme qui nous rend *heureux*. Cette disposition de notre âme dépend de nos organes, et nos organes ont été arrangés sans que nous y ayons la moindre part : c'est au lecteur à faire là-dessus des réflexions ; il y a bien des articles sur lesquels il peut s'en dire plus qu'on ne lui en doit dire : en fait d'arts, il faut l'instruire, en fait de morale, il faut le laisser penser. Il y a des chiens qu'on caresse, qu'on peigne, qu'on nourrit de biscuits, à qui on donne de jolies chiennes ; il y en a d'autres qui sont couverts de gale, qui meurent de faim, qu'on chasse et qu'on bat, et qu'ensuite un jeune chirurgien dissèque lentement, après leur avoir enfoncé quatre gros clous dans les pattes ; a-t-il dépendu de ces pauvres chiens d'être *heureux* ou *malheureux* ? »

Article « Heureux, heureuse, heureusement »,
de l'*Encyclopédie* (1751-1771), signé de Voltaire.

---

1. **Se faire tailler** : en français classique, se faire extraire les calculs de la vessie.
2. « Le Savetier et le financier », *Fables*, VIII, 2.

Jeannot et l'éducation

La confrontation des personnages à une réalité paradoxale, ou carrément négative, aboutit à un **apprentissage,** qui les fait avancer un peu plus sur la voie d'une sagesse tournée vers un bonheur quotidien et concret. Le conte répond ainsi à une vocation pédagogique, qui procède moins par la fable exemplaire, que par l'identification au personnage inventé. De sorte que Voltaire semble ici assez proche de Rousseau, qui décrit une sorte d'expérience avec son *Émile, ou de l'éducation*. Voltaire a sûrement été inspiré par cet ouvrage publié en 1762, mais il s'éloigne radicalement de ses ambitions réformatrices : pour lui, l'éducation traditionnelle, telle que lui l'a connue chez les Jésuites, est la plus propre à amener l'homme à s'épanouir et à développer ses talents et son goût.

Ce qu'il faut enseigner aux enfants, c'est **la vertu**, et suffisamment de bon sens pour se préserver de tous les fanatismes. Là-dessus, les philosophes des Lumières sont d'accord, même si tous n'ont pas l'optimisme de Voltaire qui croit que l'idée du juste et de l'injuste est innée en l'homme.

En revanche, le thème de l'éducation fait apparaître les divergences idéologiques des auteurs. Le retour au point de départ qui clôt *Jeannot et Colin* implique par exemple une conception **conservatrice** de la société ; en effet les personnages qui sont égratignés au passage n'appartiennent pas à la noblesse de sang : ils font partie d'une classe de bourgeois enrichis qui cherchent à intégrer les rangs de la noblesse parisienne, sans en avoir la légitimité ni le bon goût. La pensée sur l'éducation au XVIIIe siècle est donc d'une extrême importance, et déborde le plus souvent le strict cadre de la pédagogie ; comme le montre le texte de Diderot cité ci-dessous, l'évolution politique nécessite un autre système éducatif. Jean-Jacques Rousseau, de son côté, promeut une éducation naturelle, capable de rendre l'homme indépendant de la fortune, et surtout capable de s'adapter à un ordre social appelé à changer.

Correspondances

1

« Une université est une école dont la porte est ouverte indistinctement à tous les enfants d'une nation et où des maîtres stipendiés[1] par l'État les initient à la connaissance élémentaire de toutes les sciences.

Je dis *indistinctement*, parce qu'il serait aussi cruel qu'absurde de condamner à l'ignorance les conditions subalternes de la société. Dans toutes, il est des connaissances dont on ne saurait être privé sans conséquence. Le nombre des chaumières et des autres édifices particuliers étant à celui des palais dans le rapport de dix mille à un, il y a dix mille à parier contre un que le génie, les talents et la vertu sortiront plutôt d'une chaumière que d'un palais.

« La vertu !

— Oui, la vertu, parce qu'il faut plus de raison, plus de lumières et plus de force qu'on ne le suppose communément pour être vraiment homme de bien. Est-on homme de bien sans justice, et a-t-on de la justice sans lumières ? »

1. **Stipendiés :** Qui sont à la solde de l'État (péjoratif).

Moins il y a d'opulence autour du berceau de l'enfant qui naît, mieux les parents conçoivent la nécessité de l'éducation, plus sérieusement et plus tôt l'enfant est appliqué. Accoutumé au spectacle d'une vie laborieuse, la fatigue de l'étude lui en paraît moins ingrate. Les parents d'un enfant né dans la pauvreté obtiennent d'une réprimande peu ménagée ce que les caresses d'un père opulent, les larmes d'une mère ne pourraient obtenir d'un enfant corrompu par l'assurance d'une grande fortune.
Les efforts du premier se soutiennent par la sévérité dont on châtie sa négligence ou sa paresse. Sans cesse averti du sort qui l'attend s'il ne profite pas du temps et des maîtres, une menace réitérée l'aiguillonne. Lui-même ne tarde pas à pressentir d'instinct qu'il n'a rien de mieux à faire pour son bonheur que d'exceller dans la carrière qu'il suit, et qu'il a tout à espérer de ses progrès, rien de la protection. »

Diderot, *Plan d'une université pour le gouvernement de Russie*, vers 1775.

2

« Vous vous fiez à l'ordre actuel de la société, sans songer que cet ordre est sujet à des révolutions inévitables, et qu'il vous est impossible de prévoir ni de prévenir celle qui peut regarder vos enfants. Le Grand devient petit, le riche devient pauvre, le monarque devient sujet : les coups du sort sont-ils si rares que vous puissiez compter d'en être exempt. Nous approchons de l'état de crise et du siècle des révolutions. Qui peut vous répondre de ce que vous deviendrez alors ? Tout ce qu'ont fait les hommes, les hommes peuvent le détruire : il n'y a de caractères ineffaçables que ceux qu'imprime la Nature, et la Nature ne fait ni prince, ni riches, ni grands Seigneurs. Que fera donc, dans la bassesse, ce Satrape[1] que

1. **Satrape** : Gouverneur d'une province dans l'ancienne Perse.

vous n'avez élevé que pour la grandeur ? […] Heureux celui qui sait quitter l'état qui le quitte, et rester homme en dépit du sort !

[…]

Or, de toutes les occupations qui peuvent fournir la subsistance à l'homme, celle qui le rapproche le plus de l'état de Nature est le travail des mains : de toutes les conditions, la plus indépendante de la fortune et des hommes est celle de l'artisan. L'artisan ne dépend que de son travail ; il est aussi libre que le laboureur est esclave : car celui-ci tient à son champ dont la récolte est à la discrétion d'autrui. […]

[L'auteur, qui conseille alors à Émile l'apprentissage d'un métier manuel, imagine la réaction indignée de ses parents :]

Apprends un métier.

Un métier à mon fils ! Mon fils artisan ! Monsieur, y pensez-vous ? J'y pense mieux que vous, Madame, qui voulez le réduire à ne pouvoir jamais être qu'un Lord, un Marquis, un Prince, et peut-être un jour un moins que rien ; moi, je lui veux donner un rang qu'il ne puisse perdre, un rang qui l'honore dans tous les temps, et quoique vous en puissiez dire, il aura moins d'égaux à ce titre qu'à tous ceux qu'il tiendra de vous.

La lettre tue et l'esprit vivifie. Il s'agit moins d'apprendre un métier pour savoir un métier, que pour vaincre les préjugés qui le méprisent. Vous ne serez jamais réduit à travailler pour vivre. Eh ! Tant pis pour vous ! Mais n'importe, ne travaillez point par nécessité, travaillez par gloire. Abaissez-vous à l'état d'artisan pour être au-dessus du vôtre. Pour vous soumettre la fortune et les choses, commencez par vous en rendre indépendant. Pour régner sur l'opinion, commencez par régner sur elle. »

Jean-Jacques Rousseau, *Émile ou De l'éducation*, livre III, 1762.

Bon ou méchant ?

Le mal est-il lié à notre nature ? La réponse de Voltaire est pleine d'espérance ; pour lui, le mal a une cause purement historique, par l'enchaînement de passions mal contrôlées. Mais cette certitude, qui paraît à certains moments bien fragile, se heurte au constat répété et amer des malheurs de son temps. Sa solution consiste alors à voir dans ces malheurs des accidents particuliers que l'on peut attribuer au hasard, tandis qu'un déterminisme général continue d'assurer la cohérence du monde.

Voltaire a ainsi été séduit par **l'optimisme**, système qui s'est forgé sur un mot alors tout récent (c'est un néologisme apparu en 1737) ; mais très vite il s'est heurté au fatalisme des défenseurs de ce système et à leur indifférence face à la souffrance des autres, qu'entraînait l'affirmation têtue du « tout est bien ». Voltaire a de fait envers l'idée de « providence » une position ambiguë : elle est tantôt proclamée dans une optique rationaliste, tantôt refusée sur le plan individuel. Dans le *Dictionnaire philosophique*, il défend « le dogme de la Providence [...], si sacré, si nécessaire au bonheur du genre humain », tandis que dans *Candide* il en montre la cruauté et l'absurdité sur le plan de l'existence individuelle.

Seule la justice permet d'espérer une paix durable et équitable ; mais l'expérience de Babouc témoigne du **scepticisme** de Voltaire : ceux qui paraissent les plus propres à bien juger le font mal, tandis que ceux qui achètent leurs charges, jeunes et ignorants, sont finalement plus justes... Mais les jeunes juges qui « décidèrent plus vite que les avocats ne doutèrent » suivent une morale naturelle, innée selon Voltaire, qui a pour socle « l'idée du juste et de l'injuste ». Si l'on en croit *Le Crocheteur borgne*, c'est peut-être par défaut d'optique qu'on voit tant de mal sur la terre : « Nos deux yeux ne rendent pas notre condition meilleure ; l'un nous sert à voir les biens, et l'autre les maux de la vie. Bien des gens ont la mauvaise habitude de fermer le premier, et bien peu ferment le second ; voilà pourquoi il y a tant de gens qui aimeraient mieux être aveugles que de voir tout ce qu'ils voient. **Heureux les borgnes qui ne sont privés que de ce mauvais œil qui gâte tout ce qu'on regarde !** »

Mais cela n'a pas empêché Voltaire de s'insurger contre le mal très visible : témoin des nombreuses guerres de son siècle, il conclut que « le vulgaire en tout pays est féroce » *(Essai sur les mœurs)*. Si sa sensibilité au prestige des souverains ne lui a pas permis de s'engager activement contre la guerre, sa conscience de la justice lui a rendu insupportables les jugements iniques prononcés contre les Calas, contre les Sirven (en 1771), contre le jeune chevalier de La Barre ; Voltaire ne s'est donc pas contenté de s'insurger dans des livres, il est devenu **l'un de nos plus grands écrivains engagés.**

Correspondances

1

La fantaisie et les thèmes du conte de fées sont plus efficaces que l'émotion pour dénoncer la férocité de la guerre.

Dans les montagnes de Cachemire
Vit le sultan de Salamandragore
Le jour il fait tuer un tas de monde
Et quand vient le soir il s'endort
Mais dans ses cauchemars les morts se cachent
Et le dévorent
Alors une nuit il se réveille
En poussant un grand cri
Et le bourreau tiré de son sommeil
Arrive souriant au pied du lit
S'il n'y avait pas de vivants
Dit le sultan
Il n'y aurait pas de morts
Et le bourreau répond D'accord
Que tout le reste y passe alors
Et qu'on n'en parle plus
D'accord dit le bourreau
C'est tout ce qu'il sait dire
Et tout le reste y passe comme le sultan l'a dit
Les femmes les enfants les siens et ceux des autres
Le veau le loup la guêpe la douce brebis
Le bon vieillard intègre et le sobre chameau
Les actrices des théâtres le roi des animaux
Les planteurs de bananes les faiseurs de bons mots
Et les coqs et leurs poules les œufs avec leur coque
Et personne ne reste pour enterrer quiconque
Comme ça ça va
Dit le sultan de Salamandragore

Mais reste là bourreau
Là tout près de moi
Et tue-moi
Si jamais je me rendors

Jacques Prévert, *Paroles,* 1945.

2

D'Holbach, dont le matérialisme a nourri les philosophes de la fin du siècle, est un militant des Lumières. Au début de son ouvrage le plus célèbre, *Le Système de la nature*, il lance un cri du cœur très proche de celui de Voltaire : « Mon imagination prompte à s'émouvoir fait que mon cœur se resserre et frissonne à la vue des maux que souffrent mes semblables, du despotisme qui les écrase, de la superstition qui les égare, des passions qui les divisent, des folies qui les mettent en guerre. » Le conte qui suit est également très proche des textes voltairiens.

« À quelque distance de Bagdad, un dervis[1], renommé pour sa sainteté, passait des jours tranquilles dans une solitude agréable. Les habitants d'alentour, pour avoir part à ses prières, s'empressaient chaque jour à lui porter des provisions et des présents. Le saint homme ne cessait de rendre grâces à Dieu des bienfaits dont sa Providence le comblait. [...] Pénétré de reconnaissance, notre ermite fit le vœu d'entreprendre pour la septième fois le pèlerinage de La Mecque. La guerre qui subsistait alors entre les Persans et les Turcs ne put lui faire différer l'exécution de sa pieuse entreprise. Plein de confiance en Dieu il se met en voyage ; sous la sauvegarde inviolable d'un habit respecté, il traverse sans obstacle les détachements ennemis : loin d'être

1. **Dervis ou derviche :** membre d'une confrérie mystique musulmane.

molesté, il reçoit à chaque pas des marques de la vénération des soldats des deux partis. [...]
[Il se repose à l'ombre de palmiers, où il trouve des dattes et d'autres fruits délicieux ; il rend grâces encore à la providence « partout occupée du bonheur de la race humaine ».]
Parvenu un peu plus loin, il trouve quelques montagnes assez rudes à franchir, mais une fois arrivé à leur sommet, un spectacle hideux se présente tout à coup à ses regards ; son âme en est consternée. Il découvre une vaste plaine, entièrement désolée par le fer et la flamme ; il la mesure des yeux et la voit couverte de plus de cent mille cadavres, restes déplorables d'une bataille sanglante qui depuis peu de jours s'était livrée dans ces lieux. Les aigles, les vautours, les corbeaux et les loups dévoraient à l'envi les corps morts, dont la terre était jonchée. Cette vue plonge notre pèlerin dans une sombre rêverie : le ciel, par une faveur spéciale, lui avait donné de comprendre le langage des bêtes ; il entendit un loup gorgé de chair humaine, qui, dans l'excès de sa joie, s'écriait, « Ô Allah ! que tes bontés sont grandes pour les enfants des loups ! ta sagesse prévoyante a soin d'envoyer des vertiges à ces hommes détestables si dangereux pour nous. Par un effet de ta providence, qui veille sur tes créatures, ces destructeurs de notre espèce s'égorgent les uns les autres, et nous fournissent des repas somptueux. Ô Allah que tes bontés sont grandes pour les enfants des loups. »

D'Holbach, *Le Bon Sens, conte oriental,* 1772.

La vanité humaine : la place de l'homme dans l'Univers

La **critique de l'anthropocentrisme** est constante chez Voltaire, exprimée dans tous les genres et sur tous les tons : le *Traité de métaphysique* ou le *Discours en vers sur l'homme* tentent de rabattre la vanité de l'homme, tout autant que les contes. C'est que pour Voltaire, la question n'est pas purement astronomique ; de la place de la Terre au centre de l'univers, les hommes en ont déduit la préférence de Dieu pour cette créature. De plus, l'homme en ramenant tout à lui-même n'a pu s'empêcher de se représenter la divinité sous des traits humains : de l'anthropomorphisme sont nés **l'idolâtrie, la superstition et le fanatisme** qui, selon le *Dictionnaire philosophique,* « est à la superstition ce que le transport est à la fièvre, ce que la rage est à la colère ». Le seul remède, écrit Voltaire dans ce même article, c'est « l'esprit philosophique » : il faut faire l'expérience de **la relativité** pour s'apercevoir qu'on n'est que la mouche (dans le texte de D. Buzzati, dans l'étude suivante), que la mite ou que le nain de mondes dont on ne soupçonne même pas l'existence… Voltaire n'aura donc de cesse de montrer **la petitesse humaine**, de dresser le tableau de nos imperfections, parfois sur le mode de la caricature, parfois sur le mode de la réflexion philosophique. Pour le premier, la description de cet « animal à deux pieds sans plumes » dans *Le Marseillais et le Lion* (1768) est exemplaire :

« Un corps faible monté sur deux fesses de singe,
À deux minces talons deux gros pieds attachés,
Par cinq doigts superflus dans leur marche empêchés,

Deux mamelles sans lait, sans grâce, sans usage,
Un crâne étroit et creux couvrant un plat visage. »

Dans cette **vision déchristianisée** de l'univers, de la morale et de l'homme, la bienfaisance (dont le terme même apparaît dans le *Dictionnaire de l'Académie française* en 1762) de Colin se substitue à la charité chrétienne, et à la Justice divine se substitue l'évaluation, on pourrait presque dire l'enquête, commandée par Ituriel, qui n'est ni omniscient (il a besoin du rapport de Babouc), ni unique (il n'a que le « département de la haute Asie »)...

Correspondances

1

Alors que le narrateur séjournait chez le roi et la reine de Brodingnag dans leur palais au bord de l'océan, il demanda un jour à se reposer au bord de la falaise dans la boîte dans laquelle il était transporté par ces géants. Endormi dans son hamac, il est soudain emporté par un aigle, qui le laisse tomber à la mer, où des marins recueillent l'étrange embarcation. Le capitaine du navire est très étonné par le récit de Gulliver...

« Il me dit qu'il y avait une chose qui lui semblait bizarre : c'était de m'entendre parler si fort. Peut-être le Roi et la Reine de ce pays étaient-ils durs d'oreille ? Je répondis que depuis plus de deux ans, j'avais pris l'habitude de forcer ma voix, et que j'admirais beaucoup la sienne et celles de ses hommes, qui me semblaient n'être qu'un murmure, encore que je les entendisse parfaitement. Mais là-bas, pour parler à quelqu'un, je devais crier comme un homme qui se trouve dans la rue et dont l'interlocuteur est au sommet d'un clocher, sauf quand je me trouvais dans la main d'un Brobdingnagien ou sur une table. Je lui parlai moi aussi d'une chose qui m'avait frappé : quand j'étais monté à bord et que l'équipage faisait cercle autour de moi, je crus avoir affaire à la plus méprisable petite vermine que j'aie vue de ma vie. Et il est bien vrai que pendant mon séjour chez ce monarque mon œil s'était tellement habitué aux proportions énormes des objets, que je ne pouvais supporter de me voir dans une glace, où, par comparaison, je m'apparaissais à moi-même comme un être insignifiant. Le capitaine me dit qu'en effet il avait noté, quand nous étions à table, que je regardais tout avec une sorte d'ébahissement et que j'avais souvent donné l'impression de ne pouvoir me retenir de rire, ce qu'il n'avait guère pu s'expliquer que par un dérangement de mon cerveau. Je répondis que c'était la vérité. J'étais à un doigt de pouffer de rire, quand je voyais ses plats grands comme une pièce de trois sous en argent, un jambon qui faisait à peine une bouchée, une tasse plus petite qu'une coquille de noix. J'allongeais la liste, décrivant toutes ses affaires et toutes ses provisions de cette façon-là. Car bien que la Reine eût fait exécuter pour moi, en petit, tous les objets nécessaires à mon ménage pendant que j'étais à son service, je concevais le monde à l'image de tout ce qui m'entourait, fermant les yeux sur ma petitesse, comme les gens sur leurs propres défauts. Le capitaine prit très bien toutes mes plaisanteries et me répliqua gaiement que, d'après la vieille expérience anglaise, je devais avoir les yeux plus grands que le ventre, car il ne m'avait pas trouvé tellement bon estomac, même après une journée de jeûne. Et, continuant sur ce ton plaisant, il affirma qu'il aurait bien donné cent livres pour voir ma boîte suspendue au bec de l'aigle, puis tombant à la mer d'une telle hauteur, ce qui ne pouvait donner qu'un spectacle étonnant et digne d'être décrit dans un livre, pour passer à la postérité. La comparaison avec Phaéton s'imposait si évidemment qu'il se crut obligé de la faire, mais je n'appréciai pas ce genre d'esprit. »

Jonathan Swift, *Les Voyages de Gulliver,* deuxième partie, « Voyage à Brobdingnag », chapitre 8, 1726.

2

Le narrateur cherche à expliquer à une marquise qui n'est pas savante mais qui aurait une « extrême facilité » à le devenir « comment est fait ce monde que nous habitons ». Il évoque, lors de leur premier entretien, le système copernicien qui a « rabattu la vanité des hommes, qui s'étaient mis à la plus belle place de l'univers ».

« Quelquefois, par exemple, je me figure que je suis suspendu en l'air, et que j'y demeure sans mouvement pendant que la Terre tourne sous moi en vingt-quatre heures. Je vois passer sous mes yeux tous ces visages différents, les uns blancs, les autres noirs, les autres basanés, les autres olivâtres. D'abord ce sont des chapeaux, et puis des turbans, et puis des têtes chevelues, et puis des têtes rases ; tantôt des villes à clochers, tantôt des villes à longues aiguilles qui ont des croissants, tantôt des villes à tours de porcelaine, tantôt de grands pays qui n'ont que des cabanes ; ici des vastes mers ; là des désert épouvantables ; enfin toute cette variété infinie qui est sur la surface de la Terre.

En vérité, dit-elle, tout cela mériterait bien que l'on donnât vingt-quatre heures de son temps à le voir. Ainsi donc dans le même lieu où nous sommes à présent, je ne dis pas dans ce parc, mais dans ce même lieu, à le prendre dans l'air, il y

passe continuellement d'autres peuples qui prennent notre place ; et au bout de vingt-quatre nous y revenons.
Copernic, lui dis-je, ne le comprendrait pas mieux. D'abord il passera par ici des Anglais qui raisonneront peut-être de quelque dessein de politique avec moins de gaieté que nous ne raisonnons de philosophie ; ensuite viendra une grande mer, et il se pourra trouver en ce lieu-là quelque vaisseau qui n'y sera pas si à son aise que nous. Après cela paraîtront des Iroquois [...] »

Fontenelle, *Entretiens sur la pluralité des mondes,*
premier soir, 1686.

L'imaginaire

Le voyage et l'évasion

Suffit-il de voyager pour s'évader ? L'infini arpenté par Micromégas et le « nain de Saturne » est un pur spectacle où tout est intelligible avec un peu d'observation (ce dont manque parfois le Saturnien) et de science (ce dont ils ne manquent ni l'un ni l'autre). L'univers est homogène, et donc partout **familier**, même au plus lointain de ses recoins. Ici Voltaire est fort différent de Swift, et plus proche de Rabelais : le géant (voir la partie Genèse), créature harmonieuse, devient l'image d'un cosmopolitisme universel. Aux travaux sur le langage qu'opère Swift dans les *Voyages de Gulliver*, s'oppose cette langue philosophique commune qui permet aux savants de trois planètes différentes de converser tranquillement de choses « intéressantes ».
La confiance des personnages en l'univers rend leur curiosité plaisante et dénuée de toute inquiétude ; Babouc est partout bien reçu, Micromégas voyage sur

les comètes. Le lecteur est avec eux porté à se regarder « de haut », avec un petit sourire moqueur. Plus inquiétant est le voyage de Jeannot : plongé dans le monde des apparences trompeuses et de la méchanceté sociale, confronté à l'indifférence, devenu étranger là où il se croyait chez lui, il nous fait partager la difficulté de vivre dans un tel monde...

Le cœur

Avec *Jeannot et Colin*, Voltaire prouve ses capacités dans un genre qu'il s'est toujours refusé, à rebours de son siècle, à illustrer : **le roman sensible.** À lire la scène de reconnaissance entre les deux anciens amis, ou celle de la douleur du fils et de sa mère, laissés seuls après l'emprisonnement du père, on se croirait dans l'un de ces romans qu'aimait Mme du Châtelet. Le conteur n'y dédaigne pas, en effet, de discrets effets pathétiques propres à éveiller la pitié de son lecteur et absents de ses premiers contes.

La lecture de *L'Ingénu* confronté à *Zadig* ou à *Candide* offre le même constat : Voltaire y met en scène des personnages qui nous font partager leurs souffrances et leurs espoirs ; on peut expliquer ce phénomène à la fois par l'attendrissement d'un Voltaire plus âgé, sur des héros jeunes et malmenés par la vie, et par l'évolution générale de la sensibilité du XVIIIe siècle, de plus en plus tournée vers l'expression « authentique » des sentiments individuels.

Mais fidèle au mot d'ordre indiqué au chapitre 4 de *Micromégas*, qui reprend celui de l'*Histoire de Charles XII*, le narrateur ne cesse pourtant pas de « **conter ingénument le fait** » : c'est-à-dire en laissant le lecteur réagir à une « image » qui ne prétend pas à plus de vraisemblance qu'un simple récit.

Déjà de la science-fiction ?

Le fabuleux intervient moins que la science et le surnaturel moins que le réel, qu'il soit étonnant ou choquant, merveilleux ou haïssable, du monde du XVIIIe siècle. Ainsi, ne cherchons pas dans ces « contes » des fées ou des dragons ; dans l'ensemble des contes de Voltaire d'ailleurs, on ne trouvera guère qu'un basilic et une licorne[1], mais en revanche un nombre impressionnant de caricatures : les fanatiques, les beaux esprits, les financiers...

Le goût de Voltaire le pousse en effet à préférer l'allégorie transparente des figures de la fable, à la fois au conte merveilleux et au roman, dont l'invraisemblance est purement gratuite à ses yeux. Il appréciait *La Princesse de Clèves*, aux « aventures naturelles », mais détestait le roman médiéval ou le roman baroque. Cet **accent réaliste** rend Voltaire plus proche de la science-fiction moderne que du conte merveilleux à la façon de Perrault ou de Mme d'Aulnoy. Les comètes de Micromégas ressemblent beaucoup à nos soucoupes volantes et lui-même à un explorateur de l'espace. Voltaire s'inscrit dans une tradition qui annonce l'expression moderne qu'ont rendu possible les premiers voyages réels dans l'espace.

---

1. Le basilic, d'ailleurs introuvable, est dans *Zadig*, la licorne dans *La Princesse de Babylone*. Citons aussi *Le Taureau Blanc* et les moutons rouges, dans *Candide*.

Correspondances

1

L'auteur s'est embarqué avec ses compagnons afin « de voir et d'apprendre des choses nouvelles », sur un vaisseau bien équipé ; pris dans une furieuse tempête au cœur de l'Atlantique, ils se retrouvent sur une île où il se passe des phénomènes étranges… Ils reprennent la mer.

« Après nous être donc pourvus d'eau et de vin dans les deux fleuves, nous passâmes la nuit sur le bord, et le lendemain dès la pointe du jour, nous fîmes voile par un vent doux, qui se changea sur le midi en une bourrasque si violente que notre vaisseau fut enlevé par un tourbillon jusqu'à la hauteur de trois mille stades[1] ; et commença à voguer par le ciel l'espace de sept jours et de sept nuits, tant que nous abordâmes au huitième en une grande île ronde et luisante qui était suspendue en l'air, et ne laissait pas d'être[2] habitée. De jour on ne voyait rien ; mais la nuit paraissaient autour quantité d'autres îles brillantes, de diverses grandeurs et lumière, et une terre au-dessous couverte de fleuves, de mers, de forêts, et de montagnes, ce qui nous fit juger que c'était la nôtre, outre qu'on y voyait des villes, qui ressemblaient à de grandes fourmilières. Lorsque nous fûmes plus avant dans le pays, nous fûmes pris par les Hippogriffes. C'était des hommes, montés sur des griffons ailés qui avaient trois têtes. Je ne saurais mieux dépeindre leur grandeur, qu'en disant que leurs ailes étaient plus longues et plus grosses que le mât d'un grand navire. Ils avaient ordre de battre l'estrade, pour voir ceux qui entraient et sortaient, et lorsqu'ils trouvaient des étrangers, ils les amenaient au roi.

1. « Plus de cent mille lieues » (note du traducteur, Perrot d'Ablancourt).
2. Était pourtant.

Lorsque nous fûmes en sa présence, il jugea que nous étions Grecs, à notre habit, et demanda comment nous avions fait pour venir en son pays, et traverser une si vaste étendue. Nous lui fîmes le récit de notre aventure, et il nous dit de son côté qu'il était Endymion, et qu'il avait été enlevé la nuit en dormant, et fait roi du globe de la lune, qui était le pays où nous étions. Il ajouta que nous n'avions rien à craindre, et qu'il nous ferait bonne chère, et ne nous laisserait manquer de rien ; que s'il pouvait retourner victorieux de la guerre qu'il avait contre les habitants du soleil, nous pourrions demeurer en paix avec lui et jouir de sa félicité. »

Lucien de Samosate, *Histoire véritable* (125-185 après J.-C.), 1er livre (dans la traduction de Perrot d'Ablancourt, 1787, reproduite par les Presses universitaires de Nancy, 1984).

2

Le narrateur imagine un professeur d'histoire, assis au bord d'un feu de cheminée, persécuté par une mouche...

« Contrairement à l'opinion des savants, la structure des atomes qui composent la matière n'a pas seulement une ressemblance vague avec le système planétaire : chaque atome est réellement un système planétaire, infiniment petit par rapport au nôtre, avec son soleil, les planètes qui tournent autour et éventuellement quelques satellites.
Exactement à la dernière extrémité de la seconde patte droite de la mouche qui tourmentera le professeur, il y a un atome dont le système solaire comporte une planète habitée par des êtres identiques à nous.
Et la planète sur laquelle vit le professeur Splitteri pourrait appartenir à un système solaire constituant un atome de la patte d'une mouche dans un univers de degré supérieur. À son tour, la planète où vit cette deuxième mouche hypo-

thétique – grande évidemment comme des milliards de galaxies – pourrait faire partie d'un système solaire constituant un atome de la patte d'une troisième mouche d'un univers ultérieur.

Comment pouvons-nous l'exclure ? De mouche en mouche, pour ainsi dire, on peut se perdre en imagination dans des univers toujours plus gigantesques, dont la dimension est si grande qu'elle ne peut être exprimée en chiffres ni même en formules humaines.

Mais revenons dans la salle de séjour de la vieille maison où le professeur Splitteri sera dérangé par la mouche d'automne. Dans cette pièce se produira un événement sans précédent, non seulement dans l'histoire du monde, mais dans l'histoire du cosmos universel. Et des phénomènes d'une importance incalculable seront en train de se décider. […] Cependant la mouche, qui dans sa petite patte porte la planète Z avec ses "Homines sapientes[1]", se sera posée sur un genou du professeur, qui l'apercevra aussitôt et lèvera lentement le journal pour la tuer. Quand il l'aura tuée, comme il est un maniaque de la propreté, il prendra délicatement la victime par ses petites ailes et la jettera dans le feu purificateur.

À ce point vous comprendrez tous, j'imagine, l'extrême importance de l'épisode, à première vue plutôt insignifiant. Le problème est celui-ci : moi qui écris et vous qui lisez, appartenons-nous à l'humanité A ou à l'humanité Z ? En d'autres termes, sommes-nous des collègues du professeur Splitteri (le premier considéré), ou au contraire vivons-nous dans la patte de la mouche persécutrice ? […] »

Dino Buzzati, « Que se passera-t-il le 12 octobre ? »,
Les Nuits difficiles, 1971 (traduction de Michel Sager,
Robert Laffont, 1972, le Livre de Poche).

1. Hommes sages.

Les éditions successives et le retentissement des contes
Le monde comme il va est présent dans toutes les éditions des *Œuvres* de Voltaire (1749, puis 1751, 1756, etc.). Madame Leprince de Beaumont, conteuse surtout connue aujourd'hui pour sa version de « La Belle et la Bête » parue dans son recueil de contes *Le Magasin des enfants* (1756), a publié le conte de Voltaire en 1750 dans son périodique, *Le Nouveau Magasin français, ou Bibliothèque instructive et amusante.* Le succès du conte est encore attesté par la continuation qu'en publie en 1789 Choderlos de Laclos, sous le cryptonyme de M. C. D. L. : *Le Retour de Babouc, ou la suite du Monde comme il va* est un violent pamphlet contre l'armée et l'ensemble de la société d'avant la Révolution.
Le retentissement de *Micromégas* est à la hauteur de son importance dans la production voltairienne ; publié dans une édition séparée, destinée à l'amusement de la cour de Frédéric II de Prusse, il a ensuite donné son nom à deux périodiques modernes, l'un français de 1936 à 1954, l'autre italien, lancé en 1974. *Jeannot et Colin,* publié dans le recueil des *Contes de Guillaume Vadé*, a connu une fortune propre, tout particulièrement auprès des pédagogues du XIXe siècle qui se sont emparés de cette petite histoire au moralisme apparemment si simple.

Les adaptations
Les adaptations, contemporaines ou récentes, témoignent de la vitalité des contes. Si *Candide* et *L'Ingénu*

tiennent le haut du pavé en la matière, on trouve aussi deux adaptations de *Micromégas*, l'une en 1841 (féerie de G. Janéty et E. Bonnetière), l'autre en 1988 (action lyrique en sept scènes, par J. Dautremoy) ; *Le monde comme il va* a fait l'objet d'une adaptation cinématographique en 1965 par A. Cuniot, sous le titre *L'Or et le Plomb, ou Paris comme il va*, avec Emmanuelle Riva et le poète Max-Pol Fouchet.

Quant à *Jeannot et Colin*, son atmosphère sensible lui a valu d'être immédiatement adapté par Florian en 1780 sous la forme d'une comédie en trois actes jouée par les Comédiens-Italiens. Un opéra-comique, en 1814, écrit par Étienne (paroles) et Nicolo (musique) a suivi. On peut remarquer que ce conte a été, chaque fois, interprété dans un sens beaucoup plus moralisant que ne l'est le texte de Voltaire : la partie centrale est le plus souvent escamotée au profit du cadre campagnard. Ainsi Florian va-t-il jusqu'à donner un nom et une présence renforcée à la sœur de Colin, Colette, qui épouse un Jeannot reconverti à la fois par l'amitié et par l'amour.

L'utilisation pédagogique des contes de Voltaire a longtemps privilégié ce qui pouvait aller dans le sens d'une certaine morale optimiste, d'où la faveur de *Jeannot et Colin*.

Les jugements contemporains de Voltaire

À l'époque, Voltaire représente un danger pour les tenants de la religion traditionnelle ; deux camps s'affrontent : les philosophes et les « anti-cacouacs », dont l'organe est le *Journal de Trévoux* qui déclare en 1752, à propos de *Micromégas*, que « l'ouvrage n'est pas bon pour la religion ».

Alexis Piron, qui cribla de ses épigrammes, courtes satires en vers, nombre de ses contemporains, et écrivit contre Voltaire une comédie, *La Métromanie*, en 1738, dit de lui que, « s'il n'avait pas écrit… il eût assassiné », ce qui, somme toute, est une façon d'avouer la force de frappe des écrits voltairiens.

Voici encore le portrait qu'il fait de lui : « Politique, physicien, géomètre, il est tout ce qu'il veut, mais toujours superficiel et incapable d'approfondir. Il faut pourtant avoir l'esprit bien délié pour effleurer comme lui toutes les matières. Il a le goût plus délicat que sûr. Satirique, ingénieux, mauvais critique, il aime les sciences abstraites, et l'on ne s'en étonne point. L'imagination est son élément, mais il n'a point d'invention, et l'on s'en étonne. On lui reproche de n'être jamais dans un milieu raisonnable, tantôt philanthrope et tantôt satirique outré. Pour tout dire en un mot, M. de V*** veut être un homme extraordinaire, et il l'est à coup sûr. » (cité dans J. Goldzink, *Voltaire, la légende de Saint-Arouet*, Gallimard, coll. « Découvertes », p. 131).

Il est difficile de mesurer la diffusion des contes à l'époque de Voltaire ; mais il est sûr que, pris à la fois comme des amusements personnels et comme des outils de propagande philosophique, ils furent à chaque fois « soudain en circulation dans toute l'Europe sans que Voltaire en ait jamais parlé, sans qu'on ait su qu'il songeait à [les] écrire. » (H. Coulet, *op. cit.*, p. 396) Quelques contemporains nous ont laissé des témoignages de la réception de ces textes ; celui de Condorcet, qui rencontra une fois à Ferney le grand homme, est admiratif : le genre des romans philosophiques « exige un talent rare, celui de savoir exprimer par une plaisanterie, par un trait d'imagination ou par les événements mêmes du roman, les résultats d'une philosophie profonde sans cesser d'être naturelle et piquante, sans cesser d'être vraie. » (*Vie de Voltaire*)

L'évolution de la critique sur les contes voltairiens

Au XIXe siècle, Voltaire ne fut guère apprécié des romantiques, à la fois pour sa position antichrétienne et pour son rationalisme. Ainsi, Chateaubriand lui reproche de n'apercevoir « que le côté ridicule des choses et des temps » et de montrer « l'homme à l'homme » « sous un jour hideusement gai » *(Génie du christianisme)*. Inversement, son engagement ne pouvait que plaire à Zola, si proche de lui lors de l'affaire Dreyfus ; il écrit à propos de lui qu'il est « une force dont s'est servie la vérité » (*L'Événement*, 3/4/1866).

Littré souligne le combat rationaliste mené par les contes philosophiques de Voltaire. En 1852, il écrit : « Entre les notions absolues et les notions relatives, ce qui est décisif, c'est la démonstration toujours impossible des premières, à côté de la démonstration toujours possible de l'autre. Ce caractère [...] a été saisi et signalé par Voltaire dans son admirable conte de *Micromégas*. » (*Conservation, Révolution et Positivisme*, p. 40)

Michelet, lorsqu'il appelle Voltaire « un rieur plein de larmes », ne s'arrête pas à l'aspect brillant et satirique du texte ; il se penche sur ce qui fait peut-être aujourd'hui la si grande présence de Voltaire : une sensibilité prompte à prendre parti, toujours accrochée à la réalité de son temps.

La critique moderne cherche à analyser le complexe

mélange de fantaisie et de philosophie dans les contes. Ainsi, J. Goulemot souligne l'armature philosophique de *Micromégas*, en affirmant qu'il « n'est pas une plaisanterie, contrairement à ce que prétendait Voltaire lui-même. Le récit est parfaitement construit en deux parties : le dialogue sur l'univers des voyageurs entre eux, et leur dialogue avec les humains. L'unité en tient à l'affirmation du relativisme, modulée et reprise pour toutes choses. » (*Inventaire Voltaire*, p. 923)

R. Pomeau de son côté se montre plus sensible à la portée poétique du conte, qu'il désigne comme un « merveilleux voyage, où s'accomplit un rêve de l'homme : abolir la pesanteur, annuler les distances » (éd. G. F., p. 125), tandis que J. Van den Heuvel parle même d'un sentiment d'« ivresse cosmique » (*op. cit.*, p. 96).

À propos du *Monde comme il va*, J. Goulemot écrit dans la même optique que pour *Micromégas* : « Ce conte, qui date encore de la période du courtisan, donne à lire, plus clairement qu'aucun autre, l'optimisme modéré et la sagesse pragmatique de Voltaire. » (*ibid.*, p. 938-939)

Il convient alors de s'interroger sur ce qui fait l'efficacité philosophique des contes ; à quoi servent le merveilleux et la pure fiction de *Micromégas* ou du *Monde comme il va* ? Nul doute qu'ils participent à la construction argumentative du texte : comme l'explique J. Van den Heuvel à propos de *Micromégas,* le merveilleux est « tout le contraire d'une fantaisie gratuite : [c'est] une hypothèse de méthode ». (*op. cit.*, p. 111)

La critique de *Jeannot et Colin* a surtout cherché à comprendre quel était le message délivré par le récit, et s'il fallait prendre au premier degré la morale quelque peu convenue qu'affiche le conteur ; ainsi

Micromégas, *par Maurice Pouret (1864).*
Paris, Bibliothèque nationale.

J. Goulemot pense que l'épisode central est le plus important, avec ce qu'il comporte de critique sociale : « L'essentiel de ce conte n'est pas dans sa moralité, somme toute banale et passablement attendue, mais bien plutôt dans la dénonciation de la frivolité parisienne, de la dépense excessive, et dans l'exaltation parallèle du sérieux provincial. » (*ibid.*, p. 747) C. Mervaud parle même, à propos de ce conte, de « perversion du conte moral ».

L'élément le plus intéressant à étudier dans les contes voltairiens, outre leur impact philosophique, est la relation qu'ils entretiennent avec l'imaginaire. Beaucoup de critiques se sont interrogés sur l'apparition tardive de ce genre d'écrit dans la production voltairienne, car tous admettent que les seuls critères de la prudence ou celui de la hiérarchie des genres sont insuffisants. Henri Coulet explique que « le conte n'est donc pas l'explosion juvénile de la gaîté et de l'irrévérence, il en est l'expression contrôlée, à partir du moment où l'âge et les déboires auront mûri l'auteur. Le conte voltairien est né quand Voltaire est sorti de la mythologie allégorique et galante, de la convention épique et théâtrale, pour évoquer ou transposer la réalité qu'il avait sous les yeux, parce que cette réalité était elle-même "philosophique". (*Le Roman jusqu'à la Révolution*, Colin, p. 394) C'est pourquoi l'on peut suivre, au fil de la rédaction des contes, même s'il n'est pas toujours facile de les dater avec précision, l'évolution de l'état d'esprit de l'écrivain ; J. Van den Heuvel souligne avec justesse que la « vision de Babouc » marque un « ébranlement [des] principes optimistes » de Voltaire par rapport à *Micromégas* (*op. cit.*, p. 129). « Les contes naissent toujours d'une interrogation devant la vie » conclut ce critique.

Le rapport à la philosophie est donc expérimental : il s'agit, comme l'écrit Y. Belaval, de « mettre l'idée à l'épreuve » ; le merveilleux du conte fait image, et critique de l'intérieur les impostures de la pensée : « Le *merveilleux* du conte mime l'*absurde*, corrode la réalité mensongère des dogmes et des systèmes, des histoires qui, à la différence de celles des contes, prétendent à notre adhésion. » (A. Faudemay, *Voltaire allégoriste*, Fribourg, 1987)
Italo Calvino va même jusqu'à écrire que « les textes qu'on appelait au XVIIIe siècle *contes philosophiques* étaient en réalité d'allègres vengeances contre la philosophie, exercées par le biais de l'imagination littéraire » (*La Machine littéraire*, Seuil, 1984, p. 42). Cependant, cette critique de la philosophie est tout entière tournée vers la défense d'une autre philosophie, celle que représentent d'ailleurs les héros des contes : une philosophie humaine et capable, surtout, de rendre heureux.

Quelques principes de langue

Micromégas, *Le monde comme il va* et *Jeannot et Colin* relèvent d'une langue qui n'est pas encore celle que nous connaissons aujourd'hui.

Par exemple, *aucun* n'était pas encore invariable ; on écrivait *jusques à* et non « jusqu'à ».

La signification de nombreux mots a évolué : par exemple, *débiter* (un discours) est devenu péjoratif, *mesuré* s'appliquait à la versification, *se communiquer* voulait dire « dévoiler ses pensées », *étage* avait un sens abstrait, de même qu'*entendre* qui voulait dire « comprendre » (d'où le sens d'*entendement*), etc.

Les différences de sens peuvent parfois occasionner des contresens, comme avec *obliger quelqu'un*, qui pouvait vouloir dire « faire plaisir, rendre service à quelqu'un », ou avec des termes comme *privautés* ou *amant(e)*, ou encore *faire l'amour* qui n'impliquaient pas de sens sexuel. Il faut donc être très vigilant, et consulter un dictionnaire même quand on a l'impression de comprendre !

Unités et calculs utiles

Pour la lecture de *Micromégas*, il faut connaître quelques données scientifiques.

- La toise = 1,949 m.
- Le pied = 33 cm ou 32,4 cm.
- Le pouce = 1/12 du pied, soit environ 2,7 cm.
- Le pas = 165 cm.
- La lieue = 4,445 km.
- Diamètre de Mars = 6 794 km environ. Mars a effectivement deux satellites naturels, appelés Phobos et

Deimos (mots grecs qui signifient « terreur » et « panique » : en effet, ils apparaissent sombres et ont été très difficiles à observer car ils sont très petits et très proches de la planète).

- Diamètre de la Terre = 12 756 km (diamètre équatorial) ou 12 713 km pour le diamètre polaire (car la Terre, comme l'a vérifié Maupertuis, est légèrement aplatie aux pôles).
- Diamètre de Saturne = 9,4 fois le diamètre équatorial de la Terre, soit plus de 119 906 km de diamètre !
- Diamètre de Jupiter = 11,2 fois le diamètre équatorial de la Terre, soit un peu plus de 142 867 km ! Jupiter est la plus grosse planète du système solaire.

Quant à Sirius, elle fait partie de la constellation du Grand Chien. Les constellations sont des ensembles d'étoiles qui représentent de façon quelque peu arbitraire la topographie de la carte du ciel ; depuis la plus haute Antiquité, l'homme leur a donné le nom de héros, d'animaux ou d'objets. On en décompte aujourd'hui 88 ; on a coutume de désigner par Alpha l'étoile la plus brillante d'une constellation, Bêta la suivante, puis Gamma, etc.

Compléments notionnels

Allégorie
Figure qui consiste à représenter un thème abstrait (psychologique, intellectuel, moral, sentimental) par des termes désignant une réalité physique ou animée (humaine ou animale).

Apologue
Court récit en prose ou en vers qui illustre et met en valeur une morale.

Brûlot
Tract ou article violemment polémique.

Champ lexical
Ensemble de termes se rapportant à une même idée ou à une même réalité.

Conte
Court récit, le plus souvent en prose, de faits imaginaires, où intervient un élément merveilleux.

Conte moral
Sous-genre particulier apparu au milieu du XVIIIe siècle, qui illustre des vérités morales et cherche à émouvoir son lecteur.

Déisme
Position religieuse et philosophique de ceux qui croient en l'existence d'une divinité, sans accepter de religion révélée particulière ni aucun dogme, et pensent que Dieu n'intervient plus dans sa création. Telle fut la position de Voltaire, jusqu'à l'apparition du mot *théisme*.

Éponyme (personnage)
Qui donne son nom au titre d'une œuvre : Micromégas par exemple, ou Jeannot et Colin.

Ironie
Procédé à la fois sémantique (par antiphrase, on fait entendre autre chose que ce que l'on dit) et pragmatique (il vise à railler une « cible »).

Lieu commun
Banalité de pensée ou d'expression. Par exemple, le « conte moral » s'appuie souvent sur des lieux communs.

Merveilleux
Ce qui ne répond pas à la logique habituelle des événements mais fait intervenir

des éléments surnaturels ou magiques.

Mystification
Tromperie. D'où démystification : fait de dissiper une illusion.

Mythe
Récit merveilleux qui incarne des aspects de la nature ou de la condition humaine.
D'où démythification : considérer le mythe comme une « représentation déformée de la nature ou de la condition humaine », et lui ôter sa signification symbolique.

Pamphlet
Brochure ou court ouvrage de circonstance, violemment satirique et polémique, dont le terme fut introduit en français par Diderot en 1778.

Parodie
Imitation, à des fins comiques, d'une œuvre sérieuse.

Pathétique
Du grec *pathos* qui signifie la passion, au sens étymologique de souffrance ; le pathétique désigne ce qui émeut le lecteur ou le spectateur, l'incitant à éprouver de la pitié ou de l'horreur.

Péjoratif
Un mot, ou une acception d'un mot, a une valeur péjorative lorsque cela dévalue la chose ou la personne désignée.

Péripétie
Action qui change le cours du récit.

Pseudonyme
Nom d'emprunt sous lequel un artiste, un écrivain, un comédien se fait connaître du public, ou encore faux nom choisi par une personne pour dissimuler son identité.

Rationalisme
Doctrine philosophique postulant que tout peut être connu à partir de la pensée, en suivant une démarche logique, dont le modèle est fourni par les mathématiques.

Satire
Texte qui s'attaque à quelqu'un ou quelque chose en s'en moquant. Dans un sens plus restreint, genre littéraire spécifique désignant un poème en vers dans lequel l'auteur dénonce les vices et les ridicules de ses contemporains.

Schéma actanciel

L'analyse actancielle étudie les structures de l'action à la lumière de la fonction exercée par les personnages ou par certains objets. Elle a été initiée par Vladimir Propp à partir des contes de fées russes, puis par Émile Souriau pour le théâtre, enfin par Algirdas-Julien Greimas qui a tenté de faire une synthèse des deux démarches précédentes, applicable au récit en général.

Schéma narratif

Structure logique simplifiée du récit, en cinq étapes : la *situation initiale ;* une *perturbation* qui entraîne une suite de *péripéties ;* un événement équilibrant qui permet la *résolution* de l'intrigue, et aboutit à la *situation finale.*

Situation-cadre

La situation-cadre désigne le contexte fictif dans lequel vient s'inscrire le récit principal, comme dans *Babouc ou le Monde comme il va* : Ituriel vient rendre visite à Babouc dans sa demeure.

Théisme

Ce terme remplace à partir de 1765 celui de déisme (voir ci-dessus) dans les écrits de Voltaire ; il implique une action de Dieu dans le monde et dans l'histoire après la création. De plus, il intègre la croyance en l'immortalité de l'âme.

BIBLIOGRAPHIE

Ouvrages généraux sur le XVIIIe siècle

Pour une vue d'ensemble détaillée de la littérature du XVIIIe siècle, on pourra consulter les volumes *Littérature française*, chez Arthaud :

- 1620-1720, par R. Pomeau ;
- 1720-1750, par J. Ehrard ;
- 1750-1778, par R. Mauzi et S. Menant ;
- 1778-1820, par B. Didier.

À propos de Voltaire

- R. Barthes, « Le dernier des écrivains heureux », *Essais critiques*, Seuil, 1964, pp. 94 à 100.
- *Le conte philosophique voltairien*, coll. « Analyses et réflexions sur... », Ellipses, 1995.
- J. Goldzink, *Voltaire, la légende de saint Arouet*, coll. « Découvertes », Gallimard, 1989.
- J. Goulemot, A. Magnan, D. Masseau, *Inventaire Voltaire*, Quarto Gallimard, 1995.
- R. Pomeau, *Voltaire par lui-même*, coll. « Écrivains de toujours », Seuil, nombreuses réimpressions.

À propos des contes en particulier

- C. Mervaud, « *Jeannot et Colin* : la subversion du conte moral », *Revue d'histoire littéraire de la France*, 1985, 4, pp. 596-621.
- J. Van den Heuvel, *Voltaire dans ses contes*, Slatkine Reprints, 1998.

CRÉDIT PHOTO : p. 7 Ph.© Giraudon • p. 21 Coll. Archives Larbor • p. 48 et reprise page 8 : Coll. Archives Larbor • p. 50 Coll. Archives Larbor • p. 86 Coll. Archives Larbor • p. 133 Coll. Archives Larbor/T • p. 136 Coll. Archives Larbor • p. 215 Ph.© J.L.Charmet/DR.

Direction de la collection : Chantal LAMBRECHTS.
Direction artistique : Emmanuelle BRAINE-BONNAIRE.
Responsable de fabrication : Jean-Philippe DORE.
Révision des textes : Lucy MARTINET.

Compogravure : P.P.C. - Impression MAME n° 04062185. Dépôt légal : novembre 2000.
N° de projet : 10116392. Imprimé en France - Octobre 2004.